EXTREME FOOTBALL

エクストリームフットボール

欧州の勢力図を塗り替える巨大ドリンクメーカーの破壊的戦略

カラン・テージワーニ / 著
結城康平 / 訳

KANZEN

目次

まえがき

２０１９年の11月、私はＲＢライプツィヒがマインツを相手に8対0で大勝したゲームを観戦していた。衝撃的だったのはそのスピードと徹底的なチームの献身性だ。彼らはリードした状況でもペースを緩めることなく、全力のプレーを継続した。その１カ月後、彼らはチャンピオンズリーグでリバプール相手に惜敗する。プレミアリーグ屈指の強豪を相手に「彼らが勝っていたとしても驚かないような激戦」を演じた彼らは選手層でも十分にトップレベルのチームだった。その2試合がこの本の執筆を決定した理由である。

ＲＢライプツィヒの背後に君臨するレッドブルグループは世界中のスポーツ界で勢力を伸ばしつつある。一方でピッチ上だけでなくピッチ外でも展開されるマーケティングによって利益を得ることに長けた彼らを嫌う人々も少なくない。多くの人々から注目を浴びている彼らの歴史を学ぶことは私にとっては魅力的な経験だった。レッドブルグループについての書籍を執筆するという壮大なプロジェクトは多くの人々によるサポートによって実現した。

特にこの本を出版することを助けてくれたジェーンとポール・カミリンには感謝を示したい。彼らは「Pitch Publishing」という出版社に所属しており、今回のプロジェクトを推進してくれた。

また、協力してくれた多くのジャーナリスト、ブロガー、ライターやサポーターの皆様にもこの場を借りてお礼を申し上げたい。アルファベット順に彼らの名前を列記させていただく。

アビマエル・メラ、バスティアン・パウリー、ベンジャミン・シワレ、ブライアン・シアレッタ、カイオ・ヴィニシウス・デ・ソウザ、クリス・メドランド、デレク・レイ、エリック・フリーランダー、フィリペ・ロドリゲス、フランコ・パニーソ、ゲルハルト・ライトナー、グラハム・ラスヴェン、グイド・シェーファー、ジャック・ブレース、ジャック・ピットーブルック、ジョー・ゴールドステイン、ヨハンズ・ホーファー、ジョシュア・ロー、クリスティアン・ダイアー、マーク・フィッシュキン、マティアス・レフラー、ラファエル・ホーニシュタイン、ロビー・ブレイクリー、ロナン・マーフィー、サマルス・カナル、ステファン・シューベルト・トム・スコールズ、ウルリッヒ・ヘス。

また、ドイツのサポーター感情と東欧のサッカー文化について取材させていただいたマット・フォードとコンスタンティン・エクナーにも助けられた。トム・ミドラー、リー・ウィンゲートやシモンは英語でオーストリアのサッカーを表現していく私に知識を与えてくれた。特にザルツブルクというチームについての記述は彼らのサポートなしでは実現しなかった。フィリップ・アイツィンガーにはオーストリアの下部リーグについて取材させていただいた。ブラッドリー・ライト＝フィリップス（2021年現在：コロンバス・クルー所属）、エルンスト・ターナー（2021年現在：フィラデルフィア・ユニオンSD）、ザンドロ・インゴリッチ（2021年現在：シュトゥルム・グラーツ所属）、ザヴェル・シュラーガー（2021年現在：ヴォルフスブルク所属）にもインタビューの機会をいただけた。彼らの深い知見はこの本にとって欠かせないヒントになった。

また、WEBメディア「These Football Times」とオマル・サレーム氏にも御礼を申し上げたい。彼らがいなければ私のライターとしての生涯は始まらなかっただろう。常にサポートしてくれた家族の存在も大きなものだった。コロナ禍のロックダウン中に執筆する中、家族の助けは欠かせないものだった。そして最後にこの本を手に取っていただいた皆様に感謝を申し上げたい。これは私の生涯でも最も大きなプロジェクトであり、皆様と共有していくことをうれしく思っている。

2020年8月　カラン・テージワーニ

序論

「巨大ドリンクメーカー」の歴史

多くの議論を呼んだタウリン

レッドブルのソーシャルメディアは彼らのアプローチを象徴するものだ。世界最大のエナジードリンク企業に成長した彼らはシンプルな思想で現在の地位に辿り着いている。それは単にエナジードリンクを宣伝するのではなく、エネルギッシュで自由なライフスタイルを推奨していくことなのだ。例えばレッドブルが積極的に投資しているのがエクストリームスポーツである。スノーボードやスケートボード、サーフィン、カヤックのようなスポーツに彼らはブランドのメッセージを反映させているのだ。結果的に彼らのアプローチはエナジードリンクのマーケットでの圧倒的なシェアを実現した。

1987年のスタートから彼らは750億本のドリンクを販売している。しかし、彼らの目的は単にドリンクを売ることではない。このカルト的人気を誇るエナジードリンクはそのルーツを東南アジアに持つ。現在本社のあるオーストリアから8400キロメートル離れたタイ、そこがレッドブルの故郷だ。1976年にタイの起業家チャリアオ・ユーウィッタヤーが世に送り出したドリンクがクラティンデーン（Krating Daeng）。その単語を英訳すれば「レッドブル」となる。

もともと150ミリリットルの小さなボトルで販売されたこのドリンクは多くの場合は薬局の棚

に並ぶことが多かった。カフェインとビタミン、グルコースによって生成されるシンプルなドリンクはタイの労働者階級に愛されるドリンクになった。主要な成分の一つがタウリンだ。ラテン語の「Taurus」を語源とする物質は多くの議論を呼ぶことになる。「牛」を意味する成分の名前は多くの陰謀論者によって噂され、牛の精液から抽出されるというデマが流れたこともあったという。筋肉の機能を高め、体力を増強するタウリンはエナジードリンクにとっては不可欠であり、成分が合成されるプロセスも公開された。

レッドブルの原型となったクラティンデーンがもともと薬瓶のようなボトルで売られていた理由を知るには創業者についてもう少し掘り下げる必要がある。ユーウィッタヤーは中国にルーツを持つ移民の息子であり、タイの首都であるバンコクで様々な仕事に従事した。彼はバスのコンダクターやフルーツの販売業を経て、1956年に薬剤の調合をスタートする。もともとは化粧品を主として扱っており、そこでクラティンデーンが誕生したのだ。

当時、エナジードリンクのマーケットはアジアでは存在しないに等しかった。すでに日本ではリポビタンDというブランドが知られていたが、東南アジアでの知名度は低かった。そんな状況下で1962年にタイ国内での販売がスタートすると、瞬く間に目新しいドリンクは人々の注目を集めることになる。彼はドリンクに甘味を加え、「タイ国内でのブランド」であることをアピールするためにパッケージを変更する。タイの闘牛文化に目をつけた彼は黄色の背景に2頭の闘牛を配置することに決めた。この選択が大成功を呼ぶ。

飲みやすい味になったことに加え、視覚的にインパクトの強いパッケージでマーケティングにも成功したことでドリンクの売り上げは絶好調。タイ国内で人気がある格闘技ムエタイの大会でも闘牛のロゴを見かけるようになっていく。そのようにタイ国内では絶対的な地位を築いたドリンクは、オーストリアのマーケターによって世界中に広がることになる。

朝の3時に思いついたキャッチフレーズ

ディートリヒ・マテシッツ。オーストリア人の彼がタイで発見したドリンクは最高の商材となる。シリアで生まれ、スロベニアにルーツを持つ彼は小学校の教員として働いていた両親に育てられた。彼は1972年にオーストリアの名門ウィーン大学の経済学部を卒業すると複数の企業で経験を積んでいく。ユニリーバやヤコブズ・コーヒーといった有力企業で飲食品を含めた商材の知識を蓄えた男はブレンダックスという企業のマーケティング・ディレクターに就任。かつてはヨーロッパ最大の歯磨き粉メーカーとしても知られたブレンダックスで彼はシャンプーや歯磨き粉など、日常生活に使う製品の輸出を担当することになる。そして、彼は仕事で訪れたタイでクラティンデーンと運命的な出会いを果たす。

マテシッツは初めてドリンクを飲んだ時、時差ボケで不調だった脳がスッキリとしたことをきっかけに興味を抱くようになった。そしてタイ原産のドリンクを調べていく過程で、タイ国内における圧倒的な知名度の高さとポテンシャルに感銘を受けることになる。ここでも奇跡的な運命の悪戯が彼を助けることになった。ブレンダックスが医薬品取り扱いの免許を持っていたことで、クラティンデーンの創始者とコンタクトを取ることに成功したのである。

そして、マテシッツとユーウィッタヤーは世界中にこのドリンクを広めるという野望を共有することになる。1984年、会社を辞めたマテシッツはユーウィッタヤーとそれぞれ5000万円を投資し、株の49％を互いに保有する契約で「レッドブル・GmbH」という株式会社を設立する。残りの2％はユーウィッタヤーの息子であるチャルームが保有することになった。そこから3年間、マテシッツは西欧でのマーケティングに従事。彼は1987年にオーストリアで事業をスタートするまでパッケージや製品のイメージを含めたマーケティング戦略を熟考。レッドブルという名前も西欧のマーケットを意識した彼のアイデアだ。

同時に薬瓶のようなパッケージは今も受け継がれる青と銀色のアルミ缶へと変わっていく。また、誰もが知るキャッチフレーズ「レッドブル、翼を授ける」を作ったのがマテシッツの友人であるヨハネス・ケストナーだ。彼はフランクフルトでケストナー＆パートナーズという代理店を経営していたが、オーストリアでレッドブルのマーケティングをサポート。代わりにマテシッツはケストナーの会社向けにフリーランスで仕事を請け負っていた。このスローガンはケストナーのハードワークとアイデアによって生まれたものだった。朝の3時まで働いていたある日、彼はこの有名なスローガンを思いつくことになる。

自らマーケットを創造

基本的には午前中、マテシッツはマーケットリサーチに取り組んでいた。彼は雇った数年で構成されたチームを率い、国際的にドリンクを販売するアプローチを検討していた。結果から見れば、彼のマーケットリサーチは失敗だった。しかし、重要だったのはオーストリアのザルツブルクに事務所を設立して拠点としたことだろう。

また、彼がターゲットにしたマーケットも特徴的だった。ワーキングクラスへの販売を狙うのではなく、彼はパーティーを好み、冒険心に溢れた若者をターゲットにしていたのだ。そしておそらく最もレッドブルが革新的だったのは「ゼロから関心を作り出す方法」を発見したことだろう。マテシッツは2005年、アメリカの経済雑誌『フォーブス』の取材に次のように答えている。

「事業を始めた頃、レッドブルにとって理想的なマーケットは存在しなかった。だからこそ、レッドブルは自らマーケットを創造したのだ」

マーケットの創造はエクストリームスポーツのイベントをスポンサードすることからスタートした。マテシッツ本人もスノーボードやモトクロスが好きで、どのようにファンの関心を集めるかを熟知していたことも大きかった。フリーサンプルを積極的に配布する代わりにTVやラジオの宣伝には積極的に投資せず、従業員が自らの足でマーケティングすること。それこそが今もレッドブルのマーケティングにおける重要な価値観となっている。

効果的な手法としてゲリラマーケティング（低コストで慣例に囚われない手段を用いたマーケティング）も使われたが、彼らはもともとメインとしていた流通市場も忘れることはなかった。そのエリアではエナジードリンクは労働階級の人々が一日の疲れを癒す目的で消費されていく。そして、彼らは酒類のネガティブな効果をアピールすることで、人々に「酒類の代替品」としてもレッドブルを販売していた。この戦略も効果的なアプローチだった。

1991年、レッドブル・フルーグタグ（フライングデー）と呼ばれるイベントが誕生する。日本における鳥人間コンテストのように手作りで人力の飛行機で飛行した距離を競うものだ。それから10年後、彼らはレッドブル・クラッシュドアイスというウインタースポーツイベントをスタートする。535メートルの特設コースを一斉に滑り落ちるレースは人々を熱狂させた。これらの施策はレッドブルというブランドを有名にすることに加えて、将来の消費者に寄り添うものだった。このように革新的な戦略の一環としてスタートした多くのイベントは世界中に広がっていった。生命力が必要なエリアがあればレッドブルはそこに現れて自分たちの存在をアピールしていく。

止まらないSNS展開

あとは時間の問題だけでレッドブルはオーストリアからハンガリーへ、ハンガリーからイギリスへ、そしてイギリスからドイツへと広がり、世界中で知られる存在になっていった。人々の興味も急速に高まり、1994年には1日に100万本の売り上げに迫るようになっていく。しかしながらビジネスの拡大には我慢も必要だった。各国のマーケットにはそれぞれ固有の需要が存在し、国によっては文化的、そして政治的な影響も受けていた。そういった異なる国でレッドブルは適応を求められていく。レッドブルの自由で独創的なアプローチは全世界で使えるものではなかったのだ。

例えばレッドブルがアメリカに上陸した時、人々はその香りとヨーロッパの伝統的な缶を好まなかった。彼らはサイズの大きな缶を好んだので、結果的に500ミリリットルのパッケージが誕生することになる。アジアではエクストリームスポーツに傾倒するレッドブルの企業文化が理解されないこともあった。例えば中国では地域によってまったく異なるアプローチが求められることになる。ヨーロッパの国々では飲食品の規定にレッドブルが適合しないという問題も発生していた。フランスのマーケットでオリジナルのレッドブルを販売するには長い時間を要し、最終的に2008年まで販売が禁じられていた。

テクノロジーの進歩にもレッドブルは見事に適応した。初期に彼らが作ったCMは白黒のキャラクターがキャッチフレーズを宣伝するものだった。このCMにおいて重要な役割を果たしていたのがケストナーだった。30秒の中で声のトーンや会話を最適化し、アニメーションで必要な情報を伝えるのは簡単ではない。多くの場合は成功していたが、イタリアでは手痛い失敗も経験している。4人の男が聖母マリアと幼いキリストのもとに現れ、レッドブルを渡すCMは宗教的にも物議を醸すことになってしまう。ユーモアを表現しようという試みが敬虔な視聴者には伝わらなかった例だ。

デジタル化が進んだ現代ではソーシャルメディアのコメントが多くの若者によって一瞬でシェアされていく。その時流をレッドブルは見逃さなかった。2007年に設立されたレッドブルの「メディアハウス」はレッドブルの活動を細かくSNSで発信。それがレッドブルのミュージックであっても映画であってもロゴだけであっても、彼らは積極的にレッドブルのインターネット世界での存在感を高めることを目的としている。スポーツを含めたイベントの開催も良質なコンテンツとなり、彼らのＳＮＳ展開は止まらない。

例えばYouTubeチャンネルは２０２０年７月時点で９４３万人のチャンネル登録者を抱えており、エクストリームスポーツを含めた映像を人々に提供している。Instagramは主要なＳＮＳツールの一つで、フォロワーは１３３０万人を超える。Twitterのフォロワーは２００万人となっており、写真や映像コンテンツがレッドブルの主軸となっているのは明白だ。日々のアクセス数は膨大で、レッドブルはスピードを意識したコンテンツで人々の視線を奪う。特徴的なのはほとんどのビデオにレッドブルの缶が登場しないことだ。基本的にメインのプロダクトは動画に登場せず、代わりに派手な映像が若者を熱狂させていく。

根幹はコミュニケーションの継続

レッドブル最大の成功が２０１２年の「スペースジャンプ」だろう。オーストリア人のフェリックス・バウムガルトナーが３万９０１４メートルからのダイビングに成功し、音速の壁を突破した初めての人類となった。その映像はYouTubeで配信され、２６０万のコメントがソーシャルメディアに溢れることになる。この偉業は結果的にレッドブルの圧倒的なマーケティング力を世界中に示すことになった。

これは彼らが長年追い求めてきた理想だ。自らのコンテンツを創出し、世界中から注目を集めエナジードリンクを特別な存在にする。成長に向かう彼らの態度はシンプルだ。コミュニケーションを継続することがレッドブルの根幹にある。

彼らのキャッチフレーズとして知られている「レッドブル、翼を授ける」という言葉は、このドリンクが消費者の生活をどのように加速させるかをイメージさせる。彼らがイベントの主催やスポンサーを続けることは結果的にレッドブルというブランドの名前を定着させる。同時にアスリートや芸能人と契約を結び、オリジナルな楽曲を制作。彼らは世界中にレッドブルというブランドの意義とライフスタイルを知らせていく。

同時にポジティブなイメージを保つことも忘れない。彼らは100%リサイクル可能なアルミニウム製の缶を使うことで、環境に対する意識をアピール。エンゲージメントを高めるインタラクティブなWEBサイトは彼らのイメージを良化させる。レッドブルを無視するのはもはや不可能に近くなっている。

レッドブルがこのように大きく変化していく中、マテシッツも話題になることから逃れられない日々が続く。一大ブランドの創始者となった男はメディアに露出することが少ないが、最近はあまりポジティブではない理由で話題になってしまった。彼の政治的信条は過去に批判を浴びてしまったように、もともと大衆に歓迎される性格ではなかったのだ。

タイの商売人から大富豪になったユーウィッタヤーもメディアから離れる生活を好んでいる。世界で最も有名な飲料の発明者は惜しまれながら2012年に89歳でこの世を去った。50億ドルと予測される莫大な遺産を得た家族は別のビジネスをスタート。現在彼らは自動車販売業や不動産業を展開している。もともとレッドブルが抱いていた目的を思いだすことは今や簡単ではない。

サッカー界のゲームチェンジャーへ

彼らは単にエナジードリンクを都会の限られた人々に売ることを目指していた。それが2019年にはアメリカ全土で24・9%のマーケットシェアを持つ大企業に成長したのだ。オリジナルのレッドブルだけでなく、シュガーフリーのレッドブルも6・7%のシェアを有する全米3位の人気ドリンクとなった。数少ないライバル企業であるモンスターを挟撃するように、彼らはマーケットの上位を独占する存在となっている。

世界中ではレッドブルは2019年に75億本を販売。これは前年よりも10・4%の増加となっており、過去最高の販売数となった。彼らのWEBサイトでは特に売り上げの増加率が高い国を紹介している。インドでは37%、ブラジルでは30%、ドイツでは15%の成長率を誇るレッドブルは最盛期を迎えている。

レッドブルは完全にエナジードリンクマーケットの頂点に君臨する存在だ。コカ・コーラやペプシといったドリンクと比べて高価なレッドブルの販売が止まらないのは驚異的だろう。オーストリアのザルツブルクでは噴火した2つの火山を模したデザインでエネルギーを表現した現代的なデザインの本社ビルが訪れる人を魅了する。近くにはマテシッツが所有するコレクション展示場である「ハンガー7」がある。ここには歴史的な航空機やレースカーが展示されており、無料で見学することが許されている。カフェテリアやバーも併設される空間はオーストリアが誇る観光地となっている。そこから離れていない距離にもレッドブル帝国の一部となった場所が存在している。それは何よりも特別で、議論を呼び成功したチームだ。

2005年、レッドブルはヨーロッパスポーツの世界で一つの重い扉を開けることになる。それがサッカークラブであるザルツブルクの買収だ。彼らはその翼でサッカーの世界を制圧すべく、その権力を示していく最大の武器を手中に収めることになる。買収から短期間で70年間受け継がれたクラブのチームカラーや紋章、文化や歴史が大きく変革される。すべてのエリアでゲームチェンジャーとなったレッドブルがサッカーの世界に現れたことは人々にとって衝撃的だった。彼らは新たな挑戦の場所として伝統を好むサッカーの世界を選び、そこで勢力を伸ばすことによって世界中の人々にメッセージを届けようと考えたのだ。

1章 欧州を制圧するレッドブル帝国の野望

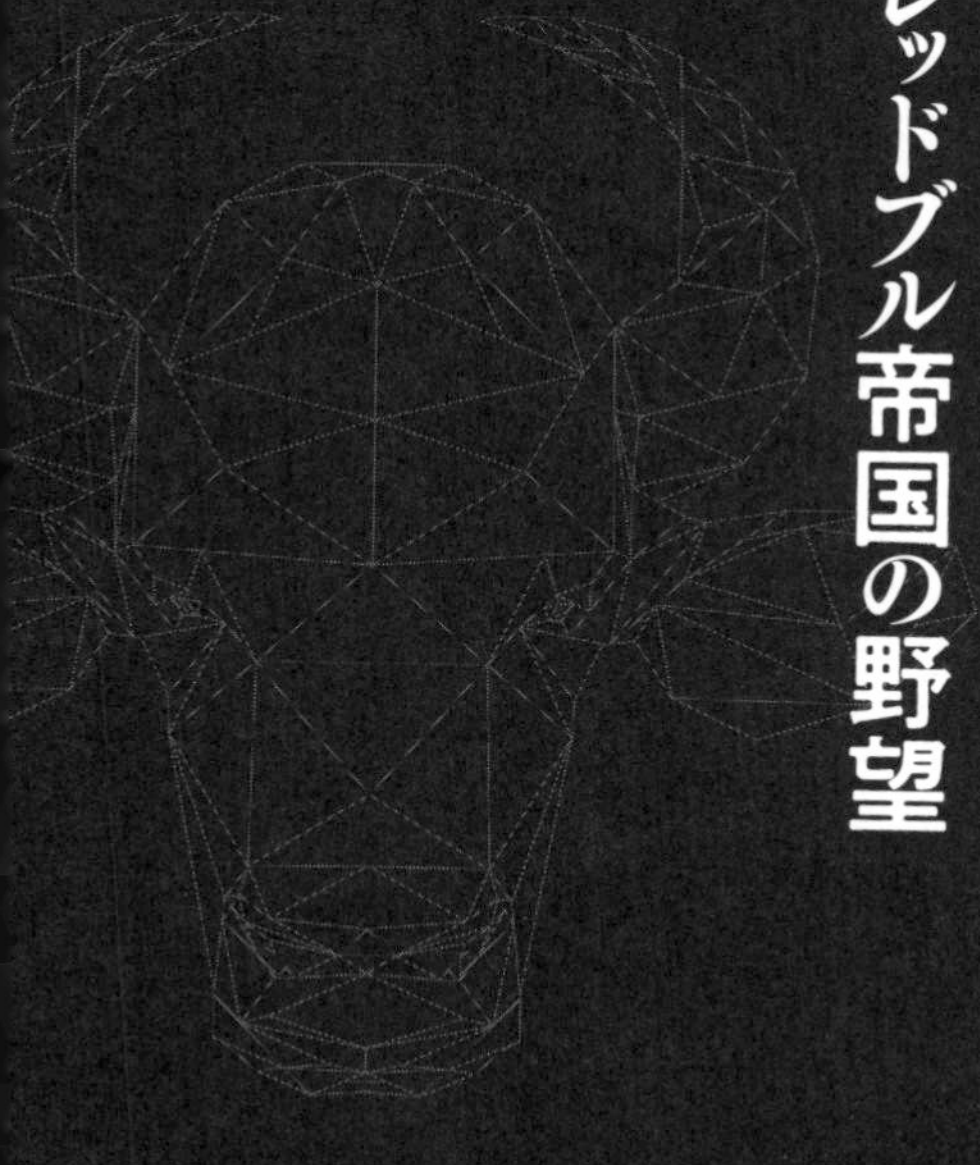

始まりの地オーストリア

アウストリア・ザルツブルクのホームゲーム、78分のことだった。熱狂的なファンとして知られたクラブの名物サポーター、フランツ・クサヴァー・エイガーはコンパクトなオーストリア・スタジアムの選手通路から大声で叫んだ。「ラタタタタタタ！」と彼が叫ぶと、それ以上に大きな声がスタンドから返ってくる。揃った声で「オーストリア！」と声を張り上げるサポーターの愛を感じられる瞬間こそが彼にとって最も誇りを感じる瞬間だった。これはアウストリア・ザルツブルクにとって信教に近いような伝統であり、ホームゲームの78分こそがスタジアムが一つになる瞬間だった。後半33分にサポーターが讃えているのはクラブの歴史だ。1933年に創設されたクラブの歴史を重んじるオーストリアの男たちはスタジアムでそれを讃えるのだ。

そして、彼らは同時に栄光の歴史を思いだしていく。レッドブル・ザルツブルクは2005年に誕生したが、72年の歴史を継いだクラブだ。母体となったアウストリア・ザルツブルクはもともと2つのクラブが融合することで誕生している。それがヘルタ・ザルツブルクとラピード・ザルツブルクだ。クラブが誕生してから彼らはオーストリアのサッカー界では安定した成績を残してきた。トップカテゴリーに20年近く在籍し、1994年にはUEFAカップの決勝戦にも進出。当時はイタリアのインテルに0対2（2試合合計）で敗れたが、堅実なクラブとして地位を築いていた。しかし、今世紀の初めに彼らは「オーストリアサッカー界にも影響を及ぼす大きな変革」を経験することになる。

世界にその名を知られるようになったドリンクメーカー、レッドブルは偶然にもアウストリア・ザルツブルクのホームタウン、フシュル・アム・ゼー州に本社を置いていた。エクストリームスポーツにおいて絶対的な存在になっていたレッドブルはサッカーを次のターゲットに選ぶ。彼らが土地勘のあるオーストリアで最初に動いたのは必然であり効率的だった。しかし、彼らの大胆な変革を予想した人はいなかったはずだ。財政的な問題を抱えていたアウストリア・ザルツブルクは2004-05シーズンを最下位の一つ上の順位で終了する。寸前で降格を免れた彼らにとってレッドブルからの資金投下は歓迎すべき申し出だった。2005年の春にはクラブのメインスポンサーとなったレッドブルに関係者は夢中になっていた。

当時、クラブの会長職を務めていたルディもレッドブルがクラブの未来を支えてくれることを期待していた。元ドイツ代表で活躍したフランツ・ベッケンバウアーはレッドブルの創業者マテシッツの友人であり、プロジェクトに関与することも発表されていたように、その一大プロジェクトは沈んでしまった名門を救うものだと考えられていた。しかし、突如としてクラブ関係者の期待は失われていくことになる。なぜならレッドブルは伝統的なスポンサーとしてクラブをサポートするのではなく、オーナーとしてクラブの経営権を狙っていたからだ。

秘密裏に動いていたレッドブル上層部の意向はレッドブル本社の従業員ですらも知らなかったという。レッドブルというブランドをサッカーの世界でも有名にしようと考える上層部の意向にクラブ関係者とサポーターは反発。レッドブルがクラブのカラーと紋章を変えようとしているという噂も流れるようになり、サポーターは抗議を繰り返した。

アウストリア・ザルツブルクの歴史を否定

2005年6月4日、クラブの総会で「伝統的に受け継がれたクラブのカラーは変えない」という声明が出されることになるが、その約束も守られることはなかった。6月13日にアウストリア・ザルツブルクは「レッドブル・ザルツブルク」となり、紫と白だったクラブカラーはレッドブルの象徴である「赤・白・金」に変更されたのだ。同時にクラブの紋章もレッドブルのロゴをイメージさせるものに変わり、さらに彼らはアウストリア・ザルツブルクの歴史を否定することになる。

彼らはWEBサイト上でクラブの設立は2005年だと主張。国内リーグを6回制覇し、11年前にはUEFAカップの決勝に進出したオーストリア屈指の名門は72年の歴史を失うことになったのだ。

名門はアイデンティティを失ったが、オーストリアサッカー協会の介入によって「設立年だけは1933年とする」ことが命じられた。これは名門の歴史を語り継ぐ小さな勝利だが、多くのサポーターには十分ではなかったに違いない。クラブの名前を変えることによって商業化していくというアプローチ自体、オーストリアのサッカー界では珍しいものだった。ただ、過去にもスポンサーの名前をクラブ名に含むようなアプローチを選択したクラブもある。1946年に設立されたASKOパッシングはスポンサーであるスーパーフンド社に支えられていたことでFCスーパーフンドという名前でも知られている。また、ウンタージーベンブルンも同様にスポンサーの名前を含んだ愛称で知られていた。

アウストリア・ザルツブルクも同様にいくつかの名前を経験している。例えば彼らはカジノ・ザルツブルクという名前で呼ばれていた時期もあった。しかし、レッドブルの過激なアプローチは今までの経験とは比較にはならなかった。根本的にクラブ名を変え、歴史から消し去ってしまうレッドブルの手法はオーストリアサッカーのサポーターを激怒させることになる。そのファン感情を逆なでするような変革はオーストリアサッカーが経験したことのないものだった。

特にクラブのカラーを変えたことに対する反発は強かったが、レッドブルは強硬な姿勢を保ち続ける。彼らは紫色のクラブカラーを残してほしいと嘆くサポーターに対し、「アウェーのGK

ユニフォームのソックスを紫にする」というあまりに軽い代案を提示。これが多くのサポーターを失望させ、10年以上クラブを支えてきたファンの多くは失われた。同時にレッドブルはクラブの伝統的なカラーをスタジアムで掲げるサポーターを排除していく。

彼らは自らのクラブを創設したいのであって、アウストリア・ザルツブルクを受け継ぎたいのではなかったのだ。エナジードリンクの世界を制圧したように彼らはサッカーの世界でも強い意志を保ち続ける。レッドブルの創始者であるマテシッツはアウストリア・ザルツブルクの復活を望むファンを嫌悪して次のように挑発的なコメントを残している。

「レッドブルが紫になったら、それはレッドブルとは呼べない」

ここでアウストリア・ザルツブルクのサポーターたちが賢明だったのは、暴力的に怒りを表現するフーリガンにはならなかったことだ。彼らはスタジアムで沈黙を保つという平和的な反発を選択し、特にレッドブル・ザルツブルクの初戦となったマッタースブルクとのゲームでは1万8000人がスタジアムに集結したが、ほとんど声援はなかった。

この静かな怒りはオーストリア全体に伝播していく。試合が終わる頃には多くのサッカーファンがクラブを奪われた人々に同情を抱くようになった。アウェーまで遠征したマッタースブルクのサポーターも「狂った牛の病を治さなければならない」というバナーを掲げてオーナーを批判。驚くことではないが、レッドブルは基本的に批判には動じなかった。しかし、サポーターの商業主義に対する団結がオーストリアのサッカー文化において小さな希望となったのは間違いない。数カ月サポーターの静かな反発は続くことになる。

そして、レッドブル・ザルツブルクは熱狂的な応援で知られるオーストリアのサッカーにおいて「汚点」として扱われるようになっていく。ある意味でサッカーというスポーツにおけるファン文化を知らなかったレッドブルにとっては驚くべき経験だった。彼らは最初の数カ月、非常に奇妙な体験に苦しむことになったはずだ。クラブはオーストリアの嫌われ者となり、欠けていたアイデンティティと明確なプランのなさに苦しめられることになる。

トラパットーニとマテウスの確執

スポーツ面ではベッケンバウアーの力を借りていたことで、アディダスやアウディのようなビッグスポンサーを得ることに成功したが、ピッチでのパフォーマンスは不明瞭なものだった。クルト・ヤーラ監督が率いた最初のシーズンは2位で終えたが、シーズン終了後にはすぐに解任。ベッケンバウアーのコネクションでイタリアの名将ジョバンニ・トラパットーニを招聘し、また、ドイツの闘将ローター・マテウスがアシスタントコーチとして就任する。

ビッグネームが名を連ねたのはベンチだけではない。オーストリアとドイツのブンデスリーガで知られた男たちがレッドブルに集まってくることになる。ベテランにはなっていたが、元ドイツ代表のアレクサンダー・ツィックラーやトーマス・リンケを獲得するとトラパットーニは自らのコネクションでニコ・コヴァチのようなビッグネームをクラブに加える。コヴァチは主力として3シーズンを過ごしたヘルタ・ベルリンからレッドブル・ザルツブルクに移籍することになった。

そして、積極的な補強策は結果として表れる。オーストリアでは圧倒的な資金力を誇ったレッドブル・ザルツブルクは純粋な力でオーストリアサッカー界を席巻していったのだ。彼らは2006-07シーズンには2位のリートに19ポイント差で圧勝。ツィックラーは得点王に輝いており、トラパットーニの戦術も冴え渡った。そもそもトラパットーニがオーストリアリーグで監督をしていること自体が異常であり、彼らはオーストリアのサッカー界を席巻した。

しかし、2007-08シーズンにはラピッド・ウィーンに優勝を譲ることになってしまう。ホームでは0対7で大敗し、その大きな原因となったのはトラパットーニとマテウスの関係に亀裂が入ったことだった。関係性の悪化には複数の要因があったが、一つがウガンダ出身のDFイブラヒム・セカギャの獲得だった。彼はトラパットーニの独断による獲得であり、マテウスはまったく彼のプレーを見たことがなかったという。

また、イタリア人監督の守備的なスタイルもマテウスを苛立たせた。マテウスにとってサッカーで重要なのは「エンターテインメント性」だった。トラパットーニのスタイルについてマテウスは次のようにコメントしている。

「私は1対0よりも4対1を好んでいる。結局のところ、ファンはお金を払ってたくさんのゴールを見たいと思いながらスタジアムに足を運んでいるんだ。トラパットーニは1対0で勝っていても守備の選手を交代しようとする」

確執が表面化するとトラパットーニは2008年にアイルランド代表監督に就任。レッドブル・ザルツブルクはオランダ式に舵を切っていくことになる。

アウストリア・ザルツブルクの今

スーパーマーケットに隣接する小さなスタジアムから4キロほどの距離に住んでいるアウストリア・ザルツブルクの熱狂的なサポーターたちにも話を聞いた。彼らはレッドブルにクラブの伝統的なカラーである紫を残してくれるように頼んだが、結果的に「GKのアウェーユニフォーム、しかもソックスだけ」という誠意に欠ける対応をされてしまった。彼らはレッドブルによる急激な変革に苦しめられ、一方でレッドブル傘下となったクラブは2005年以降には経験したことのない「成功」を体験してきた。

それでもクラブへの愛を捨てられなかった彼らは、アウストリア・ザルツブルクという名を受け継いで正式に「歴史を継ぐクラブ」を設立している。下部リーグでスタートしたクラブではあるが、サポーターの熱狂はまったくトップリーグに見劣りしない。クラブのスタジアムには平均1000人のサポーターが集まり、発煙筒を用いた伝統的な応援スタイルで選手たちを鼓舞し続ける。2006年に7部リーグからスタートした彼らは順調にカテゴリーを上げ、2015年からは2部リーグに所属している。

ただ、財政面での課題がトップリーグへの昇格を阻んでいる。彼らにとって最大の望みは憎きレッドブル・ザルツブルクとの対戦だ。楽観的なサポーターの希望としてはアウストリア・ザルツブルク創立から90周年となる2023年までに借金を完済することだ。クラブの株式はファンによって保有されている。彼らは焦りによってすべてを失った過去の失敗を繰り返すことを避けようと持続可能な経営を目指している。あくまで彼らの目的は未来も発展し続けられるクラブを育てることなのだ。ただ、キャッシュフローに余裕がある訳ではなく、2016年と2017年には降格で資金と選手を失っている。

しかし、それでもクラブ関係者はポジティブだ。最もクラブにとって忘れられないのが過去にアウストリア・ザルツブルクのクラブ会長を務めていたヴァルター・ヴィンディシュバウアーだろう。彼は2013年にスタジアムの再建に着手し、ローカルコミュニティにも開かれた人工芝のトレーニング場に投資したが、結果的にクラブの財政を急激に悪化させることになってしまった。

アウストリア・ザルツブルクは今、クラウス・ザルツマンと900人の支援者によって導かれている。クラブの理念は変わらず、ファンのサポートを重要視しながら健全な経営を目指すことだ。

そして最終的にはトップカテゴリーに昇格することを望んでいる。難しい状況は続いているが、それでも彼らに悲壮感はない。彼らはファンが保有するクラブとして、社会支援活動にも積極的に参加している。例えば2015年に難民問題が話題になったアフリカのガンビアを支援しようとクラブは生活必需品を寄付している。

オランダ人指揮官の時代

さて、レッドブル・ザルツブルクの話に戻ろう。彼らは変革期を迎え、オランダ人指導者を招聘する。最初に招聘されたオランダ人監督がコー・アドリアーンセで、経験豊富な彼は2008-09シーズンのリーグ制覇を経験する。そして、フーブ・ステフェンスがクラブを継ぐことになる。彼は2年間在籍し、レッドブル・ザルツブルクの黄金時代を支えた。最後のオランダ人監督がリカルド・モニスだ。彼は1年以上の在籍期間でリーグタイトルとオーストリアカップを獲得した。

このようにオランダ人指揮官は成功を重ねたが、プロジェクトにおける「重要な指針」は未完成だと考えられていた。モニスは就任したタイミングでクラブのアカデミーから選手を抜擢すべきだと主張。彼はクラブにとって「自分たちが目指すスタイルを体現するアカデミー」こそが持続可能な発展を可能にすると考えていた。彼は実際にゲオルク・タイグル（2021年現在：アウストリア・ウィーン所属）やマルコ・マイリンガー（2021年現在：ラインドルフ・アルタッハ所属）、ダニエル・オッフェンバッハー（2021年現在：リート所属）をトップチームに抜擢。しかし、アカデミーから選手を登用していくモデルは継続しなかった。

大きな問題となっていたのが明確なサッカー哲学と長期的な強化を重視する姿勢が欠けていたことだ。実際に長期的なビジョンを策定するには多くの専門家が必要だ。当然、タイトルは関係者を満足させる結果だが、長期的なビジョンは強化の面でそれ以上に重要となる。レッドブル・ザルツブルクのサポーターとなった人々にはレッドブルからの影響について問題視していない人々が多い。ピッチで予想されているほど成功していなくても、彼らはもともとピッチの外で大きな変化に適応してきた。レッドブル自体も当然クラブを愛する人々を盛り上げる努力は欠かさなかった。

例えばファンの雰囲気を盛り上げることを狙い、彼らは「Rainermarsch」というアンセムを試合前のホームスタジアムに響かせている。もともとは第一次世界大戦の時代にザルツブルクのアンセムだったとも伝えられる歴史ある歌を、彼らはファン文化として受け継ぐことを選んだのだ。ファンの中にはオーストリアを本拠地とするレッドブルがサッカーの世界に関わることを自然なことだと考えている人々も存在している。1988年からシーズンチケットホルダーとしてクラブを応援してきたゲルハルト・ライトナーは次のようにインタビューに答えている。

「レッドブルはオーストリアを本拠地とする企業であり、マテシッツもオーストリアに税金を納めている。彼は高額納税者であり、オーストリアの税制は決して富豪に優しいものではない。例えばスイスやタックス・ヘイブンを利用して税金を減らすという手段もあるが、彼はオーストリアに貢献することを選んでいる。レッドブルは決して悪いオーナーではなく、我々からすれば知らない存在でもない。レッドブル・ザルツブルクはホームである地域の人々からサポートされるべきチームだと思っているよ」

無名シュミットとの世界最高峰の舞台へのチャレンジ

レッドブル・ザルツブルクは2006年から2018年までの期間で、11回チャンピオンズリーグのグループステージに挑んできた。しかし、11回連続で突破に失敗している。レッドブル・ザルツブルクは買収後、オーストリアリーグでは絶対的なチームとして地位を確立してきた。チャンピオンズリーグで結果を残せなかったことは彼らにとっては悩ましい現実だった。ルクセンブルクのデュドランジュに敗戦し、スウェーデンのマルメにも苦しめられる。レッドスターにはアウェーで敗北し、ホームでのリードを守れない。チャンピオンズリーグの舞台では手痛い失敗を続けたが、オーストリアリーグが「ヨーロッパのサッカーリーグランキング」で11位にステップアップしたのはザルツブルクの功績によるものだ。特にヨーロッパリーグにおいて彼らは存在感を示してきた。

ラルフ・ラングニックはレッドブルグループのポテンシャルを解放したタイミングで難しい決断を下さなければならなかった。しかし、それがヨーロッパでの成功には必要なものだったことは間違いない。リカルド・モニスはクラブのアカデミーを強化することでクラブの再建を目指していたが、ラングニックの就任によってチームを離れることになる。過去6年間で4回リーグを制覇していたザルツブルクにとって重要だと考えられていたのは引き続きタイトルを守ることだった。

しかし、ロジャー・シュミットの就任は多くの関係者を驚かせる。ラングニックが推薦した同郷の若手指導者はほとんど無名に近かったのだ。実際にシュミット本人もプロの指導者として生きていくことは考えていなかった。彼は車の部品を製造する「Benteler」という会社に所属しており、アマチュアリーグでプレーヤーと指導者を経験する。そして、仕事をしながら6部のクラブを率いていたのだ。2007年にクラブを5部に昇格させると、5部リーグに所属する別のクラブで監督に就任。そこから4部にチームを昇格させると2つの地域カップで優勝し、DFBポカールへの出場権を獲得する。

２０１０年、クラブが3部への昇格を失敗したタイミングでチームを離れると、ＵＥＦＡの指導者Aライセンスを取得する。１年後、彼はパーダーボルンの監督に就任。彼にとってパーダーボルンは20年前にエンジニアの学位を取得し、２００2年までセミプロのチームでプレーしていた思い出の地だった。そして彼は2部リーグで5位という好成績を残すことになる。

そのプレッシングを中核とした戦術の使い手はラングニックを魅了し、彼はザルツブルクに就任する。しかし、シュミットのスタートは苦難の連続だった。6月中旬に監督としての生活をスタートした彼はルクセンブルクのデュドランジュにチャンピオンズリーグの予選で敗北。ただ、シュミットは少しずつチームの哲学を確立していく。夏にクラブは数年後の主軸となる2人の選手を獲得。その2人がサディオ・マネとケヴィン・カンプルだ。レッドブルグループのネットワークを活用し、彼らは若き才能をチームに加えることになる。チームにとっての一つの目標はベテラン選手を放出し、若くフレッシュな選手をチームに補強していくことだった。ザルツブルクのサポーターはタイトルを獲得することに慣れていたが、このシーズンは失敗に終わる。それでもラングニックが抜擢したシュミットの貢献は大きかった。

彼は徐々に独特のプレッシング戦術をチームに浸透させ、それが長期的な成功の基盤となったのだ。ホナタン・ソリアーノやマルティン・ヒンターエッガーもチームにとって貴重な戦力となった。シュミットは「4-4-2」をベースにしながら、「4-2-2-2」に可変していくシステムを選択。その戦術がチームの魅力的な攻撃サッカーを支え、36試合で91ゴールを記録する。ドローが多かったことで優勝はアウストリア・ウィーンに譲ることになるが、人々はシュミットを中心としたプロジェクトの成功を信じるようになっていた。

次のシーズン、チャンピオンズリーグの夢はトルコのフェネルバフチェに阻まれる。しかし、彼らは止まらない。プレッシングのカギとなったのはソリアーノとアランがプレーする2トップで、彼らがボールを保持する相手のDFを苦しめていく。ゲーゲンプレッシングという言葉が市民権を得つつあったヨーロッパでもシュミットのスタイルは特殊であり、「Angriffpressing」と呼ばれていた。チームはプレッシングマシーンとして恐れられるようになり、トレーニング中は5秒ごとに音が鳴る特殊な時計を使うことで組織的な即時奪回をチームの基本戦術として共有した。

2013-14シーズンもその破壊力は衰えることがなかった。ザルツブルクは110得点を記録し、3月23日にはリーグ優勝を決定する。シーズン最終日から2カ月前に優勝を決め、オーストリアカップではザンクト・ペルテンを破って優勝。そして、ザルツブルクとシュミットの株価を高めたのはヨーロッパリーグだ。彼らはグループステージを難なく突破すると、ベスト32ではアヤックスを合計6対1で粉砕。ファーストレグではアウェーでオランダの強豪を圧倒し、3対0というスコアで多くの人々を驚かせた。バイエルン・ミュンヘンのペップ・グアルディオラでさえ、シーズン中断期間の親善試合では0対3でザルツブルクに敗北し、「ここまでのインテンシティでプレーするチームは初めて見た」と驚愕している。

ヨーロッパリーグに戻るとザルツブルクはベスト16でスイスのバーゼルに敗北。シュミットは誰も知らない青年監督からチームが絶対視する戦術家となったのだ。ファンは長期政権を望んだが、残念ながらシュミットは母国のレバークーゼンに帰還。シュミット政権下を象徴するのがその圧倒的な攻撃力だ。マネ、カンプル、ソリアーノ、アランの4人で構成される攻撃ユニットはオーストリアを席巻した。しかし、課題となったのはバランス。特にバーゼル戦では攻撃に傾いたバランスを最後まで改善することができなかった。

レジェンド・ヒュッターの快進撃

そして、次の監督となったのがアドルフ・ヒュッターだ。彼は地域においてはレジェンドとして扱われる存在だった。もともとアウストリア・ザルツブルクで選手として活躍した彼は、1994年のUEFAカップ準々決勝ではフランクフルトを相手に決勝点を決めている。アウストリア・ザルツブルクはそのシーズン、決勝戦でインテルに敗れている。オーストリアのチームにとってドイツのチームを倒すことは無上の喜びだ。そのような時代の象徴としてヒュッターは地元のファンに愛されていた。

２００8年、ヒュッターはザルツブルクのジュニアチームで指導者としてのキャリアをスタート。35試合で13勝は傑出した成績ではないが、そこから彼は指導者としての経験を積んでいく。1年後、彼は2部のラインドルフ・アルタッハの監督に就任する。最近トップリーグから降格したチームを率いた彼は何度も昇格寸前までチームを導くも失敗。最終的に同じ2部のグレーディヒの監督に就任する。彼はラインドルフ・アルタッハをトップリーグに復帰させる監督だと信じられていたからこそ、さらに規模の小さいクラブへの移籍は不思議なものだった。

しかし、ここから彼の快進撃がスタートする。次のシーズン、クラブはリーグを制覇。2位となった古巣ラインドルフ・アルタッハに勝ち点10差をつけて昇格すると、1部でもザルツブルクとラピッド・ウィーンに続く3位に輝く。その2年間でヒュッターはオーストリアで最高の監督として知られるようになった。そしてザルツブルクとの絆を考えれば彼が監督に就任することは周知の事実だった。しかし、就任のタイミングで悩ましかったのはサディオ・マネの移籍だ。カンプルとアランも冬にそれぞれの移籍先（カンプル：ボルシア・ドルトムント、アラン：広州恒大）へと旅立ち、戦力の補強は急務となっていた。

そして前任者同様に彼を苦しめたのが「チャンピオンズリーグの呪い」だ。アゼルバイジャンのカラバフとのゲームを突破すると、２０１４年はザルツブルクの年になるかと思われた。しかし、プレーオフのマルメ戦でまたも敗北を喫してしまう。それでもヒュッターは前任者と同じくハイテンポのプレッシングをチームの主戦術として継続。特にソリアーノは成長を続け、46ゴール20アシストという驚異的な結果を記録する。チームの暴力的な攻撃サッカーを象徴する存在となった彼を中心にマルセル・ザビッツァー（2021年現在：バイエルン・ミュンヘン所属）が躍動。彼はシーズン合計で27ゴール21アシストを記録する。シーズンのスタートから彼らの攻撃力は圧倒的だった。

国内リーグの初戦ではラピッド・ウィーンに6対1で圧勝。圧倒的な強度で翻弄した彼らはオーストリア国内では敵なしのチームとなった。ヨーロッパリーグではセルティック、ディナモ・ザグレブ、アストラ・ジュルジュと同居したグループステージを突破し、ベスト32でビジャレアルに敗北。オーストリアカップのベスト8とベスト4ではヒュッターが過去に所属していた2つのクラブと対戦。ラインドルフ・アルタッハには4対0、グレーディヒには2対0で勝利し、決勝ではアウストリア・ウィーンを延長戦で下す。リーグ戦では昨シーズンほどの結果ではなかったとはいえ、チーム合計で99ゴールを記録。2冠獲得はヒュッターの評判を高めたが、彼は主力を失ったチームのマネジメントに納得していなかった。チームは彼の長期政権を望んでいたが、本人は違った道を望んでいた。

2人の指揮官が率いていた時代、主力として活躍していたペーテル・グラーチ（2021年現在：RBライプツィヒ所属）、アンドレ・ラマーリョ（2021年現在：PSV所属）、シュテファン・イルザンカー（2021年現在：フランクフルト所属）がチームを離れ、マルティン・ヒンターエッガーも冬に移籍を選んだ。

主力が抜けていく中、ヒュッターの次期監督を選ぶのは難しいタスクとなった。ホッフェンハイム時代にラングニックのアシスタントを務め、リーフェリングの監督だったペーター・ツァイドラーが昇格するが、ヨーロッパの大会では早々に離脱しリーグ戦でも不安定。2015年の12月に彼がチームを離れると、元バルセロナのオスカル・ガルシアが監督に就任する。ザルツブルクは国内2冠を達成するが、ヨーロッパでは期待を裏切る結果となる。またもやグループステージを突破できなかったのだ。

躍動するローゼの宝石たち

とはいえ、ラングニックの加入から4年間で、ザルツブルクの選手たちは飛躍的に成長していた。ラングニックの変革は一夜にして終わるものではなく、徐々にチームの価値観を変えていった。国内リーグの成功だけでは満足しなくなった彼らにとって、一つの大きな成功がUEFAユースリーグの制覇だろう。U-19チームが欧州の頂点になったことはクラブ全体にポジティブな刺激を与えることになった。

そしてガルシアがチームを離れるとユースチームをヨーロッパの頂点に導いたマルコ・ローゼがトップチームの監督に就任する。彼だけではなく、そのスタッフも精鋭が揃っていた。ヨーロッパ最高の若手コーチの一人として知られるレネ・マリッチは心理学と現代戦術のスペシャリストであり、パトリック・エイベンベルガーは聡明なフィットネスコーチだ。レネー・アウフハウザーは相手チームの分析を得意としており、ローゼをサポートする3人は全員が若くモチベーションに溢れていた。

ドイツのサッカージャーナリスト、ラファエル・ホーニシュタインは著書において、ドイツのクラブがユースチームのコーチングスタッフを頻繁に昇格させる理由として「若手選手とのコミュニケーション能力に優れていること」を挙げている。ザルツブルクがローゼを抜擢した理由もおそらくこれと同じだろう。経験は不足していたが、ローゼは完璧なバランスのサッカーを披露。［4-3-1-2］で中盤をダイヤモンドに並べ、柔軟にゲームを運んでいく。

そして、大きかったのがザヴェル・シュラーガーの成長だ。このオーストリア人MFは複数のポジションをカバーしながら中盤をサポート。前線にはイスラエル代表のモアネス・ダブール（2021年現在：ホッフェンハイム所属）が移籍したソリアーノの穴を埋め、守備は復帰したアンドレ・ラマーリョが引き締める。斜めのパスを多用するローゼのサッカーにおいてラマーリョは起点として重要な存在となる。スピードを最重要視するローゼの戦術ではSBをビルドアップに使う回数は少なかったからだ。彼らはCBから積極的にタッチダウンパスを狙い、迅速に攻撃を完結させていく。しかし、チャンピオンズリーグの悪夢は終わらない。彼らはリエカに敗北し、再び予選で姿を消すことになる。

しかし、ローゼの宝石たちはヨーロッパリーグで光り輝くことになる。過去2年の失敗を払拭するように彼らはグループリーグを首位で突破。ベスト32ではスペインのレアル・ソシエダを南野拓実のゴールで破るとベスト16では優勝候補の一角だったドルトムントと激戦を演じる。ヴァロン・ベリシャ（2021年現在：スタッド・ランス所属）の2ゴールを守り勝利を掴む。この時点で彼らは1994年のUEFAカップ決勝以来となる歴史的な成功に近づいていた。ラツィオとの準々決勝はアウェーの初戦では2対4で敗戦。ホームでもチーロ・インモービレが先制点を奪い、勝負は決したかに思われた。しかし、ザルツブルクの反撃がスタートする。ダブールが即座に1点を返すと、72分にはロングレンジからアマドゥ・ハイダラが強烈なシュートで追加点を奪う。まったく勢いが衰えないザルツブルクの攻撃は続く。74分にはファン・ヒチャンがオフサイドトラップを破ってゴールを決めると、76分にCKからステファン・ライナーがヘディングで値千金の逆転弾を決める。5分間でラツィオとの得点差を覆し、ザルツブルクは「ヨーロッパリーグ史上に残る逆転」に成功した。

シュラーガーは当時の思い出を下記のように振り返っている。

「素晴らしいゲームが多く、最高の1年だった。チャンピオンズリーグの予選では残念な結果になってしまったが、ヨーロッパリーグにそこから集中したんだ。チームはベスト16を目標に全力を尽くしたが、自分たちのポテンシャルを実感することになった。歴史的なゲームがラツィオとのセカンドレグだ。55分の時点でラツィオに先制され、難しい状況だった。それでも、我々は勝利のチャンスを諦めなかった、5分での3ゴールは信じられないものだったよ。スタジアムの応援に後押しされるように僕らはエネルギーが尽きるまで走り続けた。その夜は選手、ファンの両方にとって忘れられないものになったはずさ。僕自身にとってもキャリアで最も鮮烈なゲームになったよ。あれを経験した今はどんなゲームでも勝てると思えるんだ」

しかし、彼らの夢はベスト4で潰えることになる。マルセイユとのゲーム、アウェーで0対2の敗戦を喫すると、ホームでは判定にも恵まれず敗退。微妙な判定に起因するCKからの失点は選手たちにとって苦い経験となった。国内のカップ戦はシュトゥルム・グラーツを破って優勝したこともあり、シーズン全体の結果はファンを満足させるものだった。

シュラーガーはローゼの与えたインパクトについて次のようにコメントしている。

「彼の指導力はトップレベルで人間的にも魅力的だ。僕は過去に多くの指導者と出会ったが、彼の影響は大きかったと思う。特に技術的なポジショニングの指導は印象的で、チームメイトと連携しながらどのように動くべきかを教えてくれた。状況に応じてプレーの原則を与えてもらったことは自分にとって大きかったと思う。ローゼのコーチングチームは全員がハイレベルでチームの雰囲気も素晴らしかった。皆が友人としてプレーし、お互いに高め合っていたんだ。勝利だけが目標であり、個々が成長に貪欲だった」

ローゼは2019年にボルシアMGに引き抜かれ彼の時代は終わる。しかし、彼がヨーロッパリーグで残した功績は色褪せることはない。

ライプツィヒの革命

ライプツィヒのサッカー史はあまり知られていないかもしれない。しかし、この街はドイツのサッカー史において重要な役割を果たしている。1900年に86のクラブがドイツサッカー協会（DFB）を創立する。その最初の優勝クラブとなったのがVfBライプツィヒだったのだ。その後、彼らの後継クラブとなったロコモティーヴェ・ライプツィヒが2つのリーグタイトル、1つのカップタイトルを獲得。彼らは東ドイツ最強のチームとして、その名をドイツ全土に轟かせることになった。しかし、近年のライプツィヒはドイツのサッカー史において存在感を失っていた。そして、彼らにとって転機になったのは2009年だ。

オーストリアとアメリカで大きな波を発生させたレッドブルは2006年頃からドイツに注目するようになる。過去2回の成功と同様に彼らはヨーロッパサッカーを支配する「5大リーグ」の一角として知られるドイツでの成功を求めていた。フォルトゥナ・デュッセルドルフや1860ミュンヘン、熱狂的なサポーターで知られるザンクト・パウリの買収を目指していたが、クラブに拒否されて失敗する。ファンを最も重要視するドイツではクラブのアイデンティティを手放させることは簡単な交渉でなかったのだろう。最終的に彼らはライプツィヒを拠点として選択する。

彼らがドイツでのクラブ買収を目指した理由は3つある。1つはオーストリアやMLSと比べてもマーケティングの面で魅力的だったからだ。ブランドの成長を第一に考えているレッドブルにとってヨーロッパの強豪クラブを保有することは最大の目標だ。実際にディートリヒ・マテシッツはレッドブルのチームがヨーロッパの5大リーグで存在感を放ち、チャンピオンズリーグに出場することを夢見ていたという。

2番目の理由はライプツィヒには近年ブンデスリーガで活躍するクラブが存在しなかったことだ。彼らは歴史的に不可欠な存在だったが、それも昔の話。東ドイツ全体がベルリンの壁が崩壊したあとには「西ドイツにサッカー面での成功を譲っていた」ということもあり、人々はサッカーでの成功を何よりも望んでいた。レッドブルが本格的にドイツ国内でのオペレーションをスタートした2009年には偶然にも元東ドイツのクラブであるエネルギー・コットブスが降格。240キロほど離れた街を本拠地にするヘルタ・ベルリンだけが東ドイツのサッカーを支える存在となった。

最後の理由はライプツィヒという街が地方自治体からの厚い援助で知られていたことだ。地域の人々はレッドブルによる買収という噂が流れると、クラブが経済的な地域の発展にも寄与することを期待するようになる。また、スタジアム建設というのも彼らの夢だった。2006年W杯で使われた4万3000人を収容するツェントラール・シュタディオンも日常的には使われておらず、レッドブルにとっては最高の環境だった。

街を本拠地とする2つのクラブ、ザクセン・ライプツィヒとロコモティーヴェ・ライプツィヒにレッドブルのアプローチがスタートする。最初にちょうど財政的な問題を抱えていたザクセン・ライプツィヒに接近するが、彼らは地元のサポーターを大事にしたいということで申し出を拒否。同様にロコモティーヴェ・ライプツィヒもレッドブルに対して態度を軟化させることはなかった。

そのような状況下でレッドブルはライプツィヒから10キロ程度の距離があるマルクアンシュテットという村に注目する。1807年にはナポレオンが数泊したことでも知られていた村は1万5000人の人口を有しており、5部でプレーしているアマチュアクラブの本拠地となっていた。当時は200人ほどのサポーターに支えられていた小さなクラブは何とか上のカテゴリーでプレーしたいという意志でレッドブルとの交渉をスタートする。レッドブルが買収を終えると、すべてのアイデンティティがレッドブル一色に染め上げられる。オーストリアとアメリカではクラブ名に「レッドブル」を加えたが、ドイツのリーグではルールとしてクラブ名に「商業的なワード」を含めることが禁止されている。

そこでレッドブルは抜け穴的に「RasenBallsport Leipzig e.V」というクラブを設立する。「RasenBallsport（ラーゼンバルシュポルト＝芝生球技）」というワード自体に深い意味はないが、このワードは省略するとレッドブルと同じ「ＲＢ」となる。ドイツのクラブを第三者による保有から守ることを目的に制定されたルールとして知られていた「50＋１ルール」は１００年間続いていたが、その破壊者となったのがレッドブルだった。

「50＋1ルール」の破壊者

19世紀、ドイツの労働者階級によって設立されたクラブは彼らの趣味だった。サッカーだけでなく多くのスポーツがクラブとなり、徐々にクラブは独立した組織ではなく「リーグに登録された団体」となっていく。例えば「eingetragene Vereine（e.V）」というのはドイツ語で「登録された団体」という意味だが、多くのクラブ名にそれが残っている。例えばボルシア・ドルトムントの正式名称は「Ballspielverein Borussia 09 e.V.Dortmund」だ。１９９８年までクラブはあくまで非営利団体だった。

しかし、ドイツサッカー協会がサッカークラブを私営企業が経営することを許可したことで状況が一変する。新しいルールにおいて投票権の50％＋１％はファンが保持することが決定したことで、「50＋１ルール」が誕生する。つまり、投資家が資金力でクラブの決定権を奪うことを禁じることで、クラブはあくまでファンのものであることを強調したのだ。

ただ、実際にドイツでも複数のクラブが実質的にはルールから免除されている。そのクラブこそがバイヤー・レバークーゼン、ヴォルフスブルク、ホッフェンハイムだ。免除が許可される条件としては20年以上彼らがクラブに関与していることだ。製薬会社として知られるバイヤーは1904年からレバークーゼンに関与しており、フォルクスワーゲンは1945年からヴォルフスブルクと連携している。同時にドイツの有力企業として知られる2社は地域の人々にも認められている。

一方で物議を醸すことになったのはホッフェンハイムのケースだ。ソフトウェア企業SAPの設立者として知られるディートマー・ホップによって後押しされたクラブは1990年から2008年までの18年間でアマチュアカテゴリーからトップリーグまで昇格。彼らは多くの批判を浴びることになったが、ルールには抵触していなかった。そのような状況でレッドブルはスポーツ法務の専門家として知られるクリストフ・シックハルトを雇用。ホップをサポートしたことでも知られる辣腕弁護士はレッドブルに有益なアドバイスを与えていく。

RBライプツィヒの経営陣は正式には19人のメンバーによって構成されており、全員がレッドブルと関係している。一般のファンが投票に参加することは難しいが、彼らは1000ユーロを支払えば「ゴールドメンバー」の資格が与えられる。ドルトムントのメンバーシップが62ユーロ、バイエルン・ミュンヘンのメンバーシップが60ユーロということを考えればRBライプツィヒのメンバー権は暴利だ。彼らはルールの抜け穴を使いながら、「50＋1ルール」を回避することに成功したのだ。

昇格が義務

当然、ライバルチームのサポーターは納得しなかったが、それでもレッドブルのドイツでのオペレーションは正式にスタートする。経済的な後押しを考えれば彼らの目標は数年でのブンデスリーガ昇格だった。このレッドブルにとっての一大プロジェクトは計画された投資によって支えられていた。40万ユーロでプレーイングライセンスを取得し、同じカテゴリーに所属するクラブの2倍以上となる1000万ユーロを運転資金として用意する。それに加え、スタジアムの新設やブンデスリーガ昇格までに必要な補強費用として1億ユーロが準備されていた。RBライプツィヒがライセンスを購入し、5部からスタートすることは特例だった。本来、ドイツでは新設したクラブは12部に所属することになる。母体となったクラブがもともと7部だったことを考えても、その交渉は困難を極めると予想されていた。

そこで欠かせない存在となったのが当時40歳のホルガー・ヌスバイムだ。もともとマルクアンシュテットで監督とマネージングダイレクターを務めており、地域で絶大な発言力を持っていた彼は「新設されたRBライプツィヒにマルクアンシュテットのレギュラーと監督だったティノ・ヴォーゲルを異動させる」というスキームを提案する。また、ドイツのルールではRBライプツィヒはプレーイングライセンスを取得するには4つの年代でユースチームを保有しなければならなかった。RBライプツィヒは近隣のザクセン・ライプツィヒが財政的な問題でユースチームを運営していなかった事実を指摘し、ライセンス取得してから1年でユースチームを準備するという条件に合意することに成功する。レッドブルがユースを準備するまではマルクアンシュテットをリザーブチームとして使いながら彼らは難しい交渉を成功させる。

大きかったのはこれまでの2つの買収（オーストリア、アメリカ）と比べても「地元の人々が好意的だった」ことだろう。ライプツィヒの地方紙である『Leipziger Volkszeitung』の調査によれば、市民の70％がレッドブルによるクラブの買収に賛成していた。彼らは冷遇されていた東ドイツのサッカーを変革する存在としてレッドブルに期待していたのだ。それだけではなく、ザクセン州のサッカー協会で会長を務めていたクラウスもレッドブルの買収をポジティブな動きだと考えていた。彼らはツェントラール・シュタディオンのリノベーションに投資したのに、それを使うクラブがないことを問題視していたのだ。

レッドブルは慎重にプロジェクトを進めており、ドイツサッカー協会のルールも遵守していた。彼らはドイツでは一つのミスが命取りになることを理解していたのだ。例えばアンドレアス・ザドロのケースは彼らの慎重なアプローチを象徴している。元代理人であった彼はクラブの補強に深く関与していたが、ドイツのルールでは代理人はクラブの意思決定に関与することが禁止されていた。それを知ったRBライプツィヒは即座に彼を代理人ではなくRBライプツィヒの会長に抜擢する。

彼の下でSDとして活躍したのがヨアヒム・クルーグだ。彼はRBライプツィヒと同様の夢を抱いたクラブで過去に働いていた。それが1999年に化粧品メーカーであるLRインターナショナルのサポートでブンデスリーガ昇格を目指していたロート・ヴァイス・アーレンだ。短期間ではあったがLRアーレンというクラブ名で知られた彼らのプロジェクトは2006年にLRインターナショナルがスポンサーを諦めたことで失敗に終わる。しかし、クルーグの実力は国内で高く評価されていた。彼は実際に数週間でRBライプツィヒにとって重要な補強を成功させる。彼はインタビューで強烈なプレッシャーについて下記のようにコメントしている。

「我々は昇格を義務としており、それが失敗すれば解雇されることを感じていた」

4部での停滞

当時32歳でドイツ代表経験もあったインゴ・ヘルツシュはハンブルガーSVやレバークーゼン

でも活躍しており、彼が最初の補強になった。同じタイミングでシャルケで活躍したDFであるトーマス・クラセナーや1996年のブンデスリーガ優勝メンバーとしても知られるMFのラース・ミュラーを獲得する。彼らは当時ベテランだったが、普通に考えれば5部リーグのクラブが獲得可能な戦力ではなかった。RBライプツィヒのプロジェクトという魅力を最大限にアピールし、クルーグは短期間での強化を目指していた。

同時にチームがヴォーゲルを監督として留任させたことはクラブにとって英断だったとクルーグは考えていた。リーグとチームの現有戦力を知り尽くした彼は見事に補強した新戦力と現有戦力を融合させていった。クラブは驚異的なスピードで準備を整え、最初のクラブオフィスはグラウンドの隣に置かれたコンテナだった。

そして2009年の8月、RBライプツィヒにとって最初の試合がスタートする。カールツァイス・イェーナのサポーターはヒートアップし、過激に反対を表明。サポーターはピッチにいろいろな物を投げ、選手たちを罵倒した。その試合は引き分けだったが、対戦チームからの激しい批判は続くことになる。それでもRBライプツィヒは目標を失わずに進み続ける。30試合で26勝、74得点17失点という圧倒的なパフォーマンスで2位に勝ち点22差をつけ昇格を決めたのだ。実際、多くの相手クラブはアマチュアやユースチームであり、戦力差は歴然だった。

次のシーズン、サポーターの悲願だったスタジアムの移動に成功する。ツェントラール・シュタディオンを10年間リースする契約を結ぶと、スタジアムをレッドブル・アリーナに改名したのだ。新本拠地での最初のゲームとなったのはシャルケとの親善試合だった。順調に進んでいるように思えたRBライプツィヒのプロジェクトだったが、マテシッツの判断が問題視されるようになっていく。

レッドブルは元ドイツ代表選手であり、ハンブルガーSVでSDを務めていたディトマール・バイエルスドルファーを「サッカー部門のトップ」として抜擢したのだ。ヴォーゲルとクルーグはクラブの状況が変わったことでチームを離れ、SD不在のRBライプツィヒは混乱に陥ることになる。SDを雇用しなかったのはバイエルスドルファーの致命的なミスであり、すべての責任を新指揮官となったトーマス・オーラルが背負うことになってしまう。

失敗に気付いたバイエルスドルファーはザルツブルクでプレー経験のあるトーマス・リンケをSDに任用するも、マテシッツが個人的な判断で元ディナモ・ドレスデンやラピッド・ウィーンで監督を務めたペーター・パークルトを強硬に新監督に推薦する。結果として怒り狂ったバイエルスドルファーとリンケは辞任。5部での成功を経験したRBライプツィヒは明らかに目指すべき方向を失い、パークルトも印象的な結果を残すことはできなかった。結果的に4部で4位に終わってしまったRBライプツィヒは完全に資金だけのクラブになってしまっていた。

そして、その運命を変えたのがラルフ・ラングニックだ。彼はライプツィヒとザルツブルクを強化するという目的で雇用され、最初のシーズンでは無敗で3部リーグへの昇格を決める。次のシーズンはRBライプツィヒを2部に昇格させるなど、彼こそがレッドブルが求めていた人材だった。ラングニックはレッドブルグループの象徴となり、ドイツのサッカーを一変させる存在となっていく。

RB流の改善

では、RBライプツィヒがどのようにシーズンごとにヨーロッパの大会で結果を追い求めてきたのかを振り返ってみよう。カイゼン(改善)という言葉は日本だけでなくヨーロッパでも使われているが、RBライプツィヒの歴史は改善の繰り返しだ。2015年、チームを3部から2部に昇格させた監督のアレクサンダー・ツォルニガーが去ると同時にラルフ・ラングニックがチームの強化を統括する。グループの財政基盤をバックにブンデスリーガへの昇格を画策していくラングニックへの期待は大きかった。しかし、成熟していないチームは安定感に欠け、そのチームを成長させることがラングニックに与えられたタスクとなる。彼は自らが慎重にスカウティングした若き選手たちをピッチ内外で成熟させていかなければならなかったのだ。

ラングニックのチームはプレッシングを主戦術にするが、ハイプレスを機能させるにはボールを保持する必要がある。２０１５‐16シーズンは浮き沈みが激しく、ウニオン・ベルリンに引き分けるとザンクト・パウリに敗北。ブラウンシュバイクには勝利したが、この期間はチームにとって実験的なものだった。

ヴィリ・オルバン、シュテファン・イルザンカー、マルセル・ザビッツァー、ダヴィー・ゼルケのような新戦力はドイツのサッカーに慣れる必要があり、ラングニックの哲学をベースにチームは「4‐2‐2‐2」、「4‐2‐3‐1」、「4‐1‐3‐2」というフォーメーションを試していく。そして、最終的に正しいバランスを求めたチームは「4‐2‐2‐2」に辿り着く。チームの戦術が固定されるとRBライプツィヒは躍進。冬に近づくとニュルンベルクやボーフム、アルミニア・ビーレフェルトを次々と撃破し、冬の中断期間前にはフランクフルトを3対1で圧倒。RBライプツィヒは攻撃的なサッカーで首位に立ち、厳しいゲームでも強靭なメンタリティで最後まで諦めなかった。

メンタル面でチームの柱になったのはユースフ・ポウルセンだ。選手としては自ら凡庸と語る男は精神力と判断力でチームを牽引し、チームの攻撃において欠かせない存在となった。ポウルセンの賢い走りは相手の守備ラインを混乱させ、RBライプツィヒは彼が作った穴から攻撃を仕掛けていく。そして、もう一人の主軸がザビッツァーだ。レッドブル・ザルツブルクへのローンから復帰したオーストリア人プレーヤーは実験を続けていたラングニックが適切なバランスを探し求める過程で存在感を増していった。ラピッド・ウィーンで育った男の武器はユーティリティ性であり、前線でFWをサポートすることだけでなく、中盤の底でゲームを構築することにも対応する。彼はラングニックの戦術におけるキーマンに成長する。

ヴィリ・オルバン、エミル・フォルスベリ、マッシモ・ブルーノは将来への投資としてチームに加入。RBライプツィヒは未来を意識したチームで平均年齢がリーグでも最年少となる若いスターティングイレブンを頻繁にプレーさせていた。しかし、若いチームには若さに起因する弱みもあった。冬の中断期間後となったアウェーへの遠征でフライブルク相手に残念なパフォーマンスを見せてしまう。シーズンの終わりに近づくことでプレッシャーは強まり、若い選手たちはそれに対処できなくなってしまうのだ。

ラングニックは確実に昇格するには1試合平均で勝ち点2が必要だということを伝えていた。しかし、RBライプツィヒは徐々に勢いを失っていく。彼らは苦しいゲームを続けたが、リーグ最高の選手に成長したフォルスベリとマルツェル・ハルステンベルクがゴールを決め、カールスルーエを破ってブンデスリーガ昇格を達成。フライブルクに次ぐ2位でのブンデスリーガ昇格は望んだ通りではなかったが、ラングニックは自分に課せられたハードルを越えてみせた。

2015-16：ハーゼンヒュットル流の［4-2-2-2］

若手をベースにしたアプローチはシーズン終盤に脆さを露呈することが少なくない。しかし、この経験はチームにとって学びとなった。厳しいシーズンと昇格のプレッシャーを経験した選手は成長し、チームとしての団結力を強めた。個々の選手は問題解決力を向上させ、次のシーズンも彼らはチームの核となる。ラングニックの影響は不可欠で、特に彼の指導はフォルスベリ、ザビッツァー、ポウルセンを成長させた。

２０１３年の夏、双眼鏡を持ったラルフ・ハーゼンヒュットルはマウンテンバイクに乗り、ユルゲン・クロップ（当時ドルトムント）とルシアン・ファブレ（当時ボルシアＭＧ）のトレーニングを盗み見ようとしていた。ハーゼンヒュットルは自らが3部降格圏から2部の中位へと導いたアーレンを離れたばかりで、トップレベルの監督から少しでも何かを学ぼうとしていたのだ。そして、２０１３年の10月にハーゼンヒュットルはドイツ2部の下位に沈むインゴルシュタットの監督に就任する。そこで学んだことを活かしたハーゼンヒュットルはクラブを２０１５年夏にブンデスリーガに昇格させた。

彼の株価は一気に上昇したが、もともとこの男も選手として成功した訳ではない。レッドブル・ザルツブルクの前身だったアウストリア・ザルツブルクでＦＷとしてプレーし、バイエルン・ミュンヘンのセカンドチームにも所属したが、選手としての芽は出なかった。妻のサンドラも「夫は選手よりも監督としての適正があった」と語っている。

実際、監督としての彼のメンタリティは凄まじいものだ。アーレン時代にはハンタウイルスに感染して苦しめられながらもクラブでの指導を続け、インゴルシュタットでは平均的な戦力で2部リーグを制する。彼のチームが与えたインパクトは特筆すべきもので、ペップ・グアルディオラも手放しで賞賛している。彼はホームでインゴルシュタットと対戦し、「今シーズン最強の相手だった」とコメントした。

次の仕事を考えていたハーゼンヒュットルをラングニックが食事に誘い、そこでRBライプツィヒの監督に就任するチャンスが与えられる。彼はグアルディオラのバイエルンとの再戦を最後のゲームとし、ホームであるアウディ・スポーツパークで涙を流した。ハーゼンヒュットルにとって自らがトップリーグに導いたクラブとの旅路は忘れられない思い出だろう。プレースタイルやキャリアでクロップと比較されることも多いが、ハーゼンヒュットルはクロップには似ていない部分も多い。彼はピアノとテニスを愛しており、性格も穏やかだ。彼はタッチラインで派手に動き回ることは少なく、その落ち着いたマネジメントで選手に安心感を与えていく。

2016-17シーズン、レッドブル・アリーナに赴任した彼はフォルスベリをチームから外す決断をする。彼のコンディションが悪いことを考慮した判断であり、それによってフォルスベリはベストなプレーを取り戻した。ラングニックとも頻繁にコミュニケーションを取りつつ、ハーゼンヒュットルは自らのスタイルでチームの規律を整えていく。例えば朝7時からのヨガに参加することをルール化したことで、生活習慣を見直さなければならない選手も多かった。

ボールを敵陣で回収し、SBが幅を保つインテンシティの高いサッカーは［4-2-2-2］のフォーメーションをベースにしていた。彼が過去の2クラブで使っていた戦術とは少し異なっていたが、彼は自分なりの解釈で［4-2-2-2］を完成させる。柔軟な攻撃戦術を支えたのがザビッツァーとフォルスベリだ。彼らは内側寄りでプレーしながらSBのスペースを作り、ゴールに近いエリアで決定的な仕事を続けた。中盤ではディエゴ・デンメ（2021年現在：ナポリ所属）が献身的にスペースを埋め、前線に正確なボールを供給することで流動的な攻撃の起点となった。

また、彼はバランス感覚を活かして加入したばかりのナビ・ケイタをサポート。まだまだドイツに慣れていないMFの強みを活かし、彼を輝かせた。デンメが中盤でバランスを取ることで、RBライプツィヒはボールを保持した局面で［4-2-4］に可変。彼がチームを安定させることでチームはその攻撃力を倍増させたのだ。ハーゼンヒュットルが重要視したのはプレッシングとポゼッション、ボールを保持する局面でのポジショニング、そしてボールを失った時のポジショニングだ。

「相手が違うので我々もフォーメーションを固定することはない。［4-2-2-2］、［4-4-3］、［3-4-3］でトレーニングしながら、相手チームによって戦術を変更していく。RBライプツィヒは苛烈なハイプレスを得意としているので、ボールを奪えば多くの選手が攻撃に移行可能だ。

適切な距離感でボールを奪い、適切な距離感を活かしながら攻撃を仕掛けるのが理想だ」

結果という面では最も特筆すべきなのがドルトムントとの試合だろう。ケイタが89分にゴールを決めた時、ハーゼンヒュットルはクロップのように50ヤードを疾走して喜びを爆発させた。夏にはスカッドを厚くしようと若く優秀なタレントを次々に獲得していく。ダヨ・ウパメカノ（2021年現在：バイエルン・ミュンヘン所属）、オリヴァー・バーク（2021年現在：シェフィールド・ユナイテッド所属）、ティモ・ヴェルナー（2021年現在：チェルシー所属）はこのタイミングでチームに加入した。昇格したばかりだったRBライプツィヒへの期待度はそこまで高くなかったが、最初の13試合では10勝3分け。彼らはブンデスリーガに昇格した初年度の記録を塗り替え、優勝を目指すカルロ・アンチェロッティ政権のバイエルン・ミュンヘンに挑戦状を叩きつけた。

偶然にもRBライプツィヒが最初に敗れたのは指揮官の古巣であるインゴルシュタットだった。そして11日後、王者バイエルンに0対3で敗北する。しかし、設立から7年のお騒がせクラブがシャルケやハンブルガーSV、レバークーゼンやヘルタ・ベルリンのようなクラブを破り、多くの人々を黙らせたのだ。シーズン後半はハンブルガーSVに不調のウパメカノを狙われ、0対3で敗戦するなど手痛いゲームも経験した。しかし、RBライプツィヒ以上に不安定だったドルトムントのおかげで彼らは順位表では上位をキープすることに成功する。

ヴェルナーがデビューシーズンに21ゴールを決めたことにも助けられ、RBライプツィヒはチャンピオンズリーグ出場を決める。これは経営陣にとってもうれしい誤算であり、ホーム最終戦ではバイエルンと激突。4対2でリードしていたRBライプツィヒだったが、バイエルンが猛反撃を仕掛ける。84分にロベルト・レヴァンドフスキが1点を返してゲームのテンションを上げると、ダビド・アラバがFKを決めて同点。最後はアリエン・ロッベンが得意の仕掛けから決めて逆転に成功する。クラブは2位でシーズンを終え、ポテンシャルを示した。ハーゼンヒュットルはシーズン中、何度か実験的に「4-3-3」を使うことでポゼッションをベースにしたスタイルにもチャレンジしており、最初のシーズンから進化を見据えていた。

2016-17：ゲームが複雑化する中での成長

トップリーグ最初のシーズンはハーゼンヒュットルによって率いられたチームが脚光を浴びた。選手たちもプレッシャーに適応し、トップリーグで堂々とプレー。ハーゼンヒュットルの決断力とバランス感覚は圧倒的でカウンターからも11ゴールを決めている。彼らは効率的にゲームを運び、駆け引きをしながら結果を出していった。若手選手の登用を基礎としながらもRBライプツィヒはトップレベルでの成功に現実味を感じるようになっていく。カイザースラウテルンが1997-98シーズンに成し遂げた昇格からの連続無敗記録を更新するなど、RBライプツィヒにとっては満足のシーズンとなった。

チャンピオンズリーグの抽選会でポット4だったRBライプツィヒはモナコ、ベシクタシュ、ポルトと同組となる。キリアン・ムバッペやベルナルド・シウバを引き抜かれたモナコを含め、RBライプツィヒにとっては十分に突破が狙えるグループだと思われた。しかし、RBライプツィヒをチャンピオンズリーグの壁が阻むことになる。モナコには1勝1分けだったが、ベシクタシュに連敗。ポルトには1勝1敗で3位でグループリーグ敗退となる。

チャンピオンズリーグでの敗退にはいくつかの理由があった。一つは慣れない過密日程だ。週に2回のゲームが続く日程にはトップクラブであっても苦しめられることが多い。シーズン中、主力選手の怪我が相次いだことでチームは機能不全に陥っていた。選手たちのコンディションは悪く、クラブにとっては貴重だが苦い経験となった。

また、ハーゼンヒュットルの繰り返された戦術変更にも言及すべきだろう。彼はシーズン中に［4-2-2-2］だけでなく、［3-4-3］や［4-4-2］を使用。そして、ポゼッションをベースにした［4-3-3］も機能しなかったが、必要な要素と考えたハーゼンヒュットルは積極的に試していく。プレッシングに慣れた選手たちは慎重で丁寧なプレーでは弱みを露呈し、敵陣でゲームを支配するようなプレーには不慣れだった。

さらに、RBライプツィヒが対策される側のチームになったことでゲームは複雑化した。加えて、過密日程も戦術決定を困難にしていく。それでもシーズン序盤は十分に戦えていたと言うべきだろう。特に相性が比較的良かったドルトムントにはお互いに退場者が出る荒れるゲームになったが、3対2で勝利。しかし、不安定な冬を迎えたRBライプツィヒはホッフェンハイムに0対4で敗戦。ヘルタ・ベルリンにも2対3で敗北するとチャンピオンズリーグ圏外にまで後退する。ヨーロッパリーグではリーグ戦の鬱憤を晴らすようにナポリやゼニトといった難敵を次々に撃破したが、マルセイユに敗北する。

しかし、ヨーロッパリーグから離脱したことで体力的に楽になったのか、国内のパフォーマンスは向上。ドルトムントとのドローに続き、2対1でバイエルンに勝利するなど、強豪相手にも怯まなかった。ただ、彼らに蓄積したダメージは重いものだった。4月はレバークーゼンとホッフェンハイム、マインツ相手に大敗し、ブレーメンとはドロー。

最終的には6位に終わり、ヨーロッパリーグ圏内をギリギリで守った。予想よりも遥かにスピーディーな成長を遂げていたことを考えれば6位は決して悪い結果ではない。ヨーロッパの大会に2年連続で進出したことは評価に値するだろう。ザビッツァー、フォルスベリ、ハルステンベルクはクラブの主力として成長し、下部リーグからチームに残る若者たちも各国の代表に選ばれていく。RBライプツィヒにとっては成長を実感するシーズンだったはずだ。

2017-19：進むべき道の再定義

失敗というよりはチャンスを逃したというシーズン。2017-18シーズンからRBライプツィヒの選手層ではハイレベルな大会を両立させることが難しいことは明らかだった。週に2試合のゲームは厳しく、選手は疲弊していった。守備は安定せず、ハーゼンヒュットルは実験を繰り返したが最適解は見つからず。選手たちは集中力を切らし、主力を固定するハーゼンヒュットルのスタイルも仇となった。彼らは急激に成長してきたが、課題も少なくはなかった。

そしてシーズン後半、ハーゼンヒュットルの続投に懐疑的な報道が増えていく。そして、契約延長をクラブは打診していたという噂も絶えないが、最終的にハーゼンヒュットルはクラブを離れる決断を下す。結果的に予想より1年前倒しでの退任となったことでユリアン・ナーゲルスマン就任までに空白が生じる。そこにレッドブルグループの象徴であるラングニックが帰還することになる。

ポゼッションベースのゲームへの適応を目指していたハーゼンヒュットルの試行錯誤はまだまだクラブにとっては早計だったと考えていたラングニックは、フォーメーションの柔軟性は保ちながらも慣れ親しんだハイプレスへの回帰を目指す。それは後任であるナーゲルスマンへのメッセージも含んでいたのかもしれないが、ラングニックは基本に戻るようにチームを鍛え直していく。

印象的なのはポゼッション率で昨シーズン平均の54%から平均50%に下降。チームは地道にボールを持たない局面で運動量を増やし、フォーメーションを迅速に変更しながら相手を惑わした。ラングニックは［4-2-2-2］をベースとしたが、そこに［5-3-2］を融合していく。この柔軟な戦術変更を支えたのはコーチングスタッフだった。ジェシー・マーシュとロベルト・クラウスはラングニックの両腕となる。そして、ビデオアナリストのラース・コルネカもチームの強みと弱点を完璧に分析し、RBライプツィヒの眼となった。

再度チャンピオンズリーグに復帰することを目標に掲げたラングニックはブンデスリーガの優先度を高める。ヨーロッパリーグでは主力を休ませ、マテウス・クーニャ（2021年現在：アトレティコ・マドリー所属）、アルミンド・トゥエ・ナ・バンニャ（2021年現在：PSV所属）、イボン・ランドリー・ムボゴ（2021年現在：PSV所属）が実力をアピールしていく。

ドルトムントに1対4で敗北し、フォルトゥナ・デュッセルドルフに引き分けるという低調なスタートとなったRBライプツィヒだが徐々に調子を上げていく。ニュルンベルクを6対0で粉砕し、ヘルタ・ベルリンとレバークーゼンを3対0で破るなど、チームとしてのプレーで相手を圧倒していったのだ。1対2で再びドルトムントに敗戦するが、そこからリーグ最終日まで無敗を継続する。ラングニックはリーグ最小失点でチャンピオンズリーグへの復帰を決める。

彼らはナビ・ケイタを売却したが、イブラヒマ・コナテ（2021年現在：リバプール所属）、ペーテル・グラーチの成長でその穴を埋め、コンラート・ライマーに成長機会を与えていく。ヴェルナーはチームの得点王として存在感を発揮し、DFBポカールでも熱戦を演じた。彼らは絶対王者バイエルン・ミュンヘンを苦しめたが、守護神マヌエル・ノイアーがピンチを防ぎ、ロベルト・レヴァンドフスキやキングスレー・コマンに得点を奪われてしまい敗北を喫する。しかし、リーグ3位となり、カップ戦でも躍進したシーズンは期待以上だった。チームは自信を取り戻し、若い選手たちの成長も著しいものだった。ラングニックはレッドブルグループの指針として進むべき道の正しさを示したのだ。

選手やスタッフがラングニックへの忠誠を示し、迷うことなくチームとして団結したことでチームはチャンピオンズリーグ圏内に復帰。レッドブルのDNAに回帰するようなハイプレスをベースに相手を苦しめたことだけでなく、堅実な守備のチームとなったことは大きい。前任者ハーゼンヒュットルが磨いた攻撃力にラングニックが整備した守備力を加え、2019-20シーズンに指揮官となったナーゲルスマンにとって理想のチームが完成していた。シーズンの安定感はフロントにとっても大きく、このシーズンにプロリーグに所属する女子チームを設立している。

「嫌われ者」として

「ヒェミー・ライプツィヒのサポーターとして、RBライプツィヒの手法に反対することは重要です。ヒェミー・ライプツィヒはサポーターによって運営され応援されるクラブです。ファンの発言力は強く、クラブの重要な決断にはファンの意見も反映されます。試合の運営もファンのボランティアによってサポートされているからこそクラブはファンを重要視しているのです」

1997年から熱狂的にヒェミー・ライプツィヒをサポートするバスティアン・パウリーは次のように続けた。

「ヒェミー・ライプツィヒはサッカーのロマンチックなイメージを重要視してきました。我々のホームはクラブが100年続いてきた歴史を実感させる場所です。伝統は我々のクラブにとってアピールすべき強みなのです。スタジアムの観客は増え続けており、それはある意味ではレッドブルのおかげなのかもしれません」

ロコモティーヴェ・ライプツィヒのシーズンチケットホルダーであるマティアス・レフラーは次のように主張する。

「我々の多くはRBライプツィヒを無視している。しかし、彼らの存在は徐々に大きくなっているのは確かだ。サポーターの中にはRBライプツィヒをライバルだと考える人々もいるが、私は反対だ。我々にとって尊重すべきライバルはヒェミー・ライプツィヒだけだ。RBライプツィヒはサポーターにとっては『敵』でしかない。サッカーファンというのは自分のクラブに集中するべきだ。愛するクラブを応援し、一生懸命にサポートすることがサポーターの生活だろう。私は多くのサポーターと話をしてきたが、最初にRBライプツィヒのゲームを観戦した人々も少なくない。しかし、彼らは何かが足りないと感じた。そして我々のゲームを訪れ、サポーターの熱狂に支えられる本当のサッカーに魅了されるんだ。私はそんな人間らしいサポーターが好きだ。私にとって大切なのは3〜4人の仲間であって、バイエルン・ミュンヘンとのゲームを観たいと望む3000人ではない。私は地元のサッカーこそが未来の礎だと考えている。最近の商業化したトップリーグはサポーターとの絆を失っているよ」

数十年の間、ヒェミー・ライプツィヒとロコモティーヴェ・ライプツィヒは宿命のライバルだった。そして、彼らの関係はドイツのサッカー史を彩るものだ。政治的にも真逆の思想をベースにしていた2つのクラブは唯一「RBライプツィヒを認めない」という点で合意している。2人のファンが語るようにRBライプツィヒは人工的なクラブだ。彼らは地元を愛しており、クラブのカラー（ヒェミー：緑と白、ロコモティーヴェ：青と黄色）は彼らの人生だ。

この2チームだけではなく、ドイツ全土でもRBライプツィヒは嫌われ者になった。ドイツで最も嫌われるクラブとして、RBライプツィヒは何度となく相手サポーターからの批判を浴びてきた。ドイツのサッカーはファンの文化を重要視しており、前述したような「50＋1ルール」は絶対視されている。資金力で文化や歴史を捻じ曲げてきたRBライプツィヒは熱狂的なファンにとっては許せない存在なのだ。

例えばハレシャーが3部時代にRBライプツィヒと対戦する際、彼らは「Tradition Hat Einen Namen（伝統には名前がある）」と書かれたTシャツを着てチームのバスに投石。ハンザ・ロストックのサポーターは最初の10分間はスタジアムに入場しないという行動によって反意を示した。RBライプツィヒがピッチで成功を重ねることでサポーターの反発は過激化していく。

特に下部リーグには伝統を重要視するサポーターも多く、2部の10クラブは「Nein zu RB'（レッドブルにNOを）」というキャンペーンを共同で主催。また、熱狂的なサポーターを抱えるクラブであるウニオン・ベルリンもRBライプツィヒに強烈なメッセージを送ったクラブだ。彼らのホームであるシュタディオン・アン・デア・アルテン・フェルステライにRBライプツィヒが訪れると2万人のファンが沈黙。15分間の無音はウニオン・ベルリンの運営にも許可された行為だった。

サポーターは黒い服を着て、「サッカー文化はライプツィヒで死んだ――ウニオンは生きている」というパンフレットを配布。次のシーズンは相手チームのプロフィール欄に牧場の説明を書くなど、徹底してレッドブルグループを認めない姿勢を貫いた。5年後の2020年でも彼らの怒りは続いている。ウニオンのサポーターはアウェーに遠征すると、黒い服で旗やバナーを掲げながら「サッカーは死んだ」と主張。棺まで用意されており、その徹底ぶりはニュースとなった。

伝統的クラブからの反発

ドイツの伝統的なクラブは当然のようにレッドブルグループを認めない。ハイデンハイムのサポーターは玩具の札束にディートリヒ・マテシッツを印刷し、カールスルーエのサポーターはRBライプツィヒのサポーターに「暴力を恐れるなら遠征するな」という手紙を送った。

トップリーグに昇格しても緊張状態は続くことになる。2016-17シーズンのDFBポカールでは、ディナモ・ドレスデンのサポーターは完全にコントロール不能になってしまう。クラブ関係者は揉め事によるリーグからの処罰を恐れていたが、サポーターは攻撃的なバナーを掲げるだけでなく、RBライプツィヒの選手たちにコインを投げつけた。スタンドから牛の頭をピッチに投げ込むなど完全に無法地帯となってしまった。クラブは6万ユーロの罰金を支払うことになったが、手段を選ばないサポーターは満足したはずだ。ディートマー・ホップの買収でトップリーグから駆け上がったことで似たような経験をしてきたホッフェンハイムのサポーターは少し同情的に「最も嫌われるクラブの称号を私たちに返してくれ」とのプラカードを掲げる。

ケルン戦ではスタジアムまでの道をサポーターが封鎖し、キックオフが15分遅れることになった。ケルンはＲＢライプツィヒを嘲るように地元のスーパーマーケットチェーンであるＲＥＷＥが特別なシャツを作成。自分たちが販売しているエナジードリンクをロゴの代わりに印刷し、「エナジードリンクの対決」として皮肉った。

ボルシア・ドルトムントも熱狂的なサポーターで知られるクラブであり、彼らも当然のようにＲＢライプツィヒを快く受け入れることはなかった。２０１６年のアウェーゲームでは数千人のサポーターが遠征を拒否。彼らは代わりにユースの試合を観戦し、ラジオで試合の音声を聞いた。クラブのＣＥＯであるハンス・ヨアヒム・ヴァツケも彼らが2部でプレーしている頃からレッドブルとＲＢライプツィヒを批判している。

「彼らはスポーツとしてはとても賢いアプローチをしているとは思う。しかし、結局レッドブルの収益に頼っているだけだ。ＲＢライプツィヒはバイエルン・ミュンヘンの次に資金力があるが、それはレッドブル頼みでしかない。リーグにとっては悪いことではないのかもしれないが、私が愛するサッカーではない。ドイツではサッカーはファンのものなのだ」

２０１７年2月、ドルトムントのホーム戦はドイツサッカーの闇を感じさせるものになってしまう。４００人のウルトラスがチームバスを妨害しようとしたが失敗し、結果的にＲＢライプツィヒのサポーターがターゲットになってしまう。ドルトムントのサポーターは石や缶、発煙筒を投げつけ、警察も駆けつける騒ぎとなる。警察官も4人が負傷するなど大事件となってしまった。その事件を機に激しい反発は減りつつあるが、未だにアウェーゲームへの遠征をボイコットするチームは少なくない。

メディアでは最もRBライプツィヒに批判的なのが『11Freunde』だろう。彼らはレッドブルのアプローチに批判的で、2020年には「RBライプツィヒのゲームについては記事として扱わない」という声明を出している。彼らは実際にチャンピオンズリーグでRBライプツィヒが躍進してもそれを報じていない。国内全土が敵に回るような状況でもラングニックは自らの姿勢を崩していない。彼はRBライプツィヒへの反対について下記のようにコメントしている。

「ブンデスリーガではRBライプツィヒを敵視していないクラブも少なくない。東ドイツでは我々は3番目にサポートされるクラブになっている。RBを嫌いな人々がいることは把握しているが、2部リーグ時代のほうが反発は強かった。我々はスポンサーであるレッドブルに感謝しているが、決して商業主義的にドリンクをたくさん売ろうなどと考えたことはない。あくまで我々の目的は選手を成長させることだ。RBライプツィヒはマーケティングツールではない」

クラブの元CEOであるオリバー・ミンツラフはブンデスリーガにとってRBライプツィヒが重要な存在になると主張している。

「バイエルンの会長、カール＝ハインツ・ルンメニゲと飛行機で偶然一緒になったことがあるが、彼はバイエルン・ミュンヘンをもっと脅かすような競争が必要だと言っていた。私は彼の発言に同意する。プレミアリーグの競争力は6つのビッグクラブによって保たれている。ドイツではバイエルンとドルトムントの2強時代が長く続いており、もっと強豪チームを増やしていかなければならない。我々はレッドブルの力を借りてブンデスリーガの競争力を高めたい」

「身内」からの批判

奇妙なことにRBライプツィヒはクラブを愛するサポーターから批判を浴びることがある。例えば2018年の12月に開催された女子サッカーリーグで、両チームのサポーターが発煙筒を使って「差別への反対」を主張。RBライプツィヒのサポーターは「サッカーを愛し、セクシズムを嫌おう」と書かれたバナーも掲げた。しかし、中心となったサポーターにはクラブから「スタジアム立ち入り禁止」を手紙で告げられる。この行為がサポーターを激怒させたのだ。危険性を考慮して2018-19シーズンから発煙筒の使用を禁止したクラブとサポーターが真っ向から対立したのである。

ドイツのファンカルチャーは政治と強く結び付いており、熱狂的なファンはスタジアムをプラットフォームとして自分たちの思想を表明しようとすることが多い。RBライプツィヒの上層部がサポーターの政治的活動を禁止する態度を示したことでサポーターは怒りを爆発させた。クラブ上層部を否定するバナーが溢れ、クラブはファンを尊重するべきだと主張したのだ。また、レッドブルのディートリヒ・マテシッツが2017年にシリア難民を受け入れるドイツ政府の対応を批判したことにも多くのサポーターは反発を示した。

今でもレッドブルグループとRBライプツィヒを認めていない人々は多い。ドイツ人ジャーナリストであり、『11Freunde』の編集者でもあるウルリッヒ・ヘスは私のインタビューに次のように答えた。

「私はRBライプツィヒをプロフェッショナルなスポーツチームとしては尊敬しています。しかし、『彼らがブンデスリーガでプレーすべきクラブなのか?』という疑問は残ります。彼らは『50+1ルール』に抵触しており、ドイツのサッカー文化を破壊する存在になってしまうかもしれません。RBライプツィヒの成功は熱狂的ではないサッカーファンによって支えられています。実際に2019-20シーズンの前半、多くの人々やジャーナリストがRBライプツィヒの躍進でブンデスリーガが面白くなったと主張していました。しかし、おそらく3分の2以上のファンは私に賛成してくれると思います。私はRBライプツィヒがタイトルを獲得するくらいなら永遠にバイエルンが優勝するほうがマシだと思っています」

2010年からブンデスリーガを追い続けているコメンテーターのデレク・レイもヘスの意見に賛同している。

「彼らの成功は多くの人々にとっては受容することが難しいものでしょう。それは仕方がないことだと思います。『50＋1ルール』が危機に瀕していることも疑いのない事実です」

RBライプツィヒはチームとしての強化を続けており、近いうちにDFBポカールやブンデスリーガを制する可能性が高い。しかし、多くのサポーターは彼らを認めないだろう。

教授と呼ばれた男

1998年の12月19日、ラルフ・ラングニックはドイツのTV番組に出演した。司会者と会話しながら、彼は磁石の戦術ボードで得意とする4バックのゾーンディフェンスを説明することを求められることになる。自信満々で彼は自らのシステムを説明し、どのようにそのシステムがチームを助けるかを語った。彼の精密な分析は素晴らしいものだったが、その戦術は強烈な批判に晒されることになってしまう。若干40歳の頃、2部リーグのウルム1846を率いていたラングニックがドイツの伝統的な戦術を批判したことは大きな話題となった。彼はドイツでは一般的だったスイーパーを否定したことで、ドイツで一般的だったスタイルに挑む反逆者になってしまったのだ。

ラングニック自身ものちに番組への出演を後悔していたことを認めたが、自らの戦術思想に殉ずるという決意を強めるきっかけにもなった。彼は当時2部リーグの監督でしかなかったが、彼が選手時代から15年間を費やして磨いてきた知識とサッカー観はユニークなものだった。ラングニックのキャリアにおいて彼の未来を決定した瞬間は3つある。一つが1980年にディナモ・

キエフのサッカーを目撃したこと。残りの二つは多くの学びを得たヘルメート・グロースと出会ったことと、前述したＴＶへの出演である。

シュトゥットガルトの北に位置するバックナングで生まれたラングニックは地元のシュトゥットガルトでサッカー選手としてのキャリアをスタートする。しかし、選手としてはアマチュアとしてプレーしており、プロになる夢は叶わなかった。そんな若者はイングランドのブライトンにあるサセックス大学で体育を学びながらサウスウィックでのプレーを続ける。イングランドでのデビュー戦では大怪我を負ってしまい、3本の肋骨を骨折、肺も損傷してしまったというエピソードが残っている。選手として大成することはなかったが、彼にとって選手としての経験は貴重だった。ウルム1846でコーチとしての経験を積むと、彼は少年時代に所属していたヴィクトリア・バックナングに選手兼コーチとして加入する。

そして、そこでヴァレリー・ロバノフスキーが率いるディナモ・キエフという衝撃を味わうことになる。ドイツでシーズン途中のトレーニングキャンプをしていたディナモ・キエフがトレーニングマッチの相手としてラングニックのチームを選んだことで、守備的なＭＦとしてプレーしていたラングニックは驚愕することになる。ラングニックはラファエル・ホーニシュタインのインタビューで次のようにトレーニングマッチを振り返っている。

「試合開始から数分後、ボールが外に出てスローインになった。私は一度落ち着いて相手の人数を数えなければならなかった。何かがおかしいと思った。彼らはピッチに13、14人がプレーしているのではないか？　それがシステマチックにプレッシングしてくるチームと対戦する初めてのゲームだった。過去にはプロのチームと対戦したこともあり、当時も負けてしまったがそれでもスペースは与えられていた。ボールを保持し、少し落ち着く時間はあったのだ。しかし、ディナモ・キエフとの試合では90分間プレッシャーを感じ続けた。そして、私のチームメイトも同様のことを感じていた。私は試合において相手を徹底的に追い回すタイプだった。中盤でプレーしていたので、相手をゲームから除外するようなプレーだけは得意だったのだ。ただ、そういう守備的なスタイルの結果として私もボールに触れることは減ってしまったのだが……。そういったプレーが正しいと感じたことはなかったが、ディナモ・キエフのアプローチは単なる守備的なアプローチとは異なっていた」

ロバノフスキー率いるチームはドイツをキャンプ地として好んでおり、そのたびにラングニックはトレーニンググラウンドに通った。彼は少しでもメモを取り、ロバノフスキーのアプローチを学ぼうとしたのだ。そしてアマチュアチームの監督としてシュトゥットガルトに戻ると、そこで彼はラングニックと似た思想を持つ盟友ヘルメート・グロースと出会う。グロースはアドバイザーやスカウトとしてサッカークラブの裏側で働いていたが、ラングニックとの出会いは彼にとっても人生を変えるものだった。

ラングニックとグロースは常に意見交換をする存在となり、グロースが自らの理念として掲げた「Ballorientierte Raumdeckung」という理論に傾倒するようになる。これはゾーンディフェンスと前線からの激しいプレッシングを融合する思想であり、彼らは「共有する理想を実現する方法論」を議論しながら学んでいった。彼らが理想のスタイルに近い戦術を体現している監督だと考えたのが、当時イタリアで旋風を巻き起こしていたアリーゴ・サッキとズデネク・ゼーマンだった。

彼らの関係性は時を経ても変わらず、グロースはシュトゥットガルトのユース世代を統括することになったタイミングで、ラングニックをリザーブチームの監督に就任させる。グロースはチーム全員が彼の哲学を信奉することを願っており、若い選手に学ばせることが重要になると考えた。まだまだ新人指導者だったラングニックはグロースのスタイルを従順にチームに教えていく。

数年後、彼らの哲学は結果として表れる。ラングニックのシュトゥットガルトはドイツのユースチャンピオンシップで優勝し、国内屈指の名門ユースを次々と打ち破っていった。彼はクラブから昇格を打診されたが、1994年にアシスタントコーチになる機会を断り、辞任することになる。

シュトゥットガルトを辞任してからは18カ月を3部リーグのロイトリンゲンで過ごすが、彼のキャリアを一変させたのがウルム1846での経験だった。この就任こそがドイツサッカーにおける静かな革命の火種となった。

ドイツ全土を揺るがすモダンサッカー

フライブルクを率いたフォルカー・フィンケは1995年にブンデスリーガ3位でシーズンを終える。浦和レッズでも監督を務めた彼のメソッドはラングニックとグロースが下部リーグでトライしていたプレッシングに酷似していた。また、ブンデスリーガ2部ではヴォルフガング・フランクが率いるマインツが類似するサッカーを披露する。当時、ユルゲン・クロップがCBでプレーしていたマインツも新しいサッカーの波に乗ろうとしていたのだ。

この頃、ドイツのサッカー観は徐々に揺るがされていた。ウルムに就任したラングニックも1998年には2部への昇格に成功。降格候補だと考えられていた小さなクラブを率いた男は16試合無敗という記録的なパフォーマンスを披露。前述したTV番組に期待の監督として出演するなど、彼のモダンなサッカーはドイツ全土を揺るがした。同時に彼の異名が「教授」になったのもこの頃だ。ラングニックのTV出演を喜ばなかった関係者も多く、当時のドイツ代表監督だったエーリッヒ・リベックは「戦術的システムが過度に話題になることを私は好まない。例えば土曜日のTV番組でラングニックが陳腐な戦術論を披露し、まるで他のドイツ人指導者が愚か者であるかのように誤解させた」とコメントしている。

しかし、ウルムの勢いは衰えない。クラブ史に残るブンデスリーガ昇格を達成するが、祝福のパーティーにラングニックは不在だった。彼は1999年の3月、地元のシュトゥットガルトに監督として復帰したのだ。シュヴァーベン地域の名門として知られるクラブは安定しないシーズンを過ごしており、ラングニックは直近12カ月で5人目の監督となった。しかしながら、この就任はある意味で彼のキャリアにおけるトレンドの始まりだった。ラングニックは自らの哲学をチームに浸透させることを目指したが、クラブのマネジメントに不満を抱くようになる。彼はプロセスに関与する人数が多すぎて判断が遅れるクラブの上層部を嫌っていたのだ。ラングニックは小さなことでも自分が判断することを好み、アウェー戦で泊まる場所や選手が食べるものにまで細かく気を配った。

1年後、彼はチームのブルガリア人司令塔クラシミール・バラコフと衝突し、チームを去ることになる。ラングニックは次に2部のハノーファーを率いることになる。10年以上、2部と3部を行ったり来たりしていたクラブを彼はあっさりとブンデスリーガに昇格させる。しかし、ブンデスリーガに1シーズン残留すると彼はクラブを離れることになる。ここでも過去と同様にマネジメントを理由に上層部との確執があった。

能力に疑いのない監督として知られるようになった彼は次にシャルケに就任する。名門の本拠地フェルティンス・アレーナで過ごした2004-05シーズン、彼は王者バイエルン・ミュンヘンを最後まで追い詰めることになる。リーグを2位で終え最高の結果を残したにもかかわらず、再度クラブの上層部との確執が表面化。わずか6カ月で彼はクラブを去ることになる。最終的に彼は反抗的な態度を示し、激怒したクラブから解任されることになる。

プランはAからZまで

ラングニックが短期政権を繰り返した理由はシンプルだ。教授と呼ばれる男は自らの理論と哲学に背くことを何よりも嫌うのだ。性格的に一緒に仕事をするのは簡単ではないが、彼は将来の明確なビジョンを持っており、すべての権限を統括するトップになれない場合はクラブ上層部と衝突する。当時、スイーパー全盛だったドイツのサッカー界に彼は挑み続けた。当時クラブは監督を軽視していたが、ラングニックは科学的なアプローチとテクノロジーの十分な情報を求めた。彼の影響はドイツにおいてサッカー界以外にも波及している。例えばドイツ代表を率いてW杯を制したホッケー指導者ベルンハルト・ペータースはラングニックのゾーンディフェンス理論を参考にしたことを認めている。

そして、ラングニックが次の職場に選んだのが3部に所属していたホッフェンハイムだった。

当時、ソフトウェア企業SAPの経営者であるディートマー・ホップによってバックアップされる地方クラブだったホッフェンハイムは1991年から2006年までの期間に9部リーグから3部リーグまで昇格していた。ラングニックは潤沢な資金で戦力を揃えながら、彼特有の持続可能なスタイルでブンデスリーガへの昇格を成し遂げる。

ラングニックはホッフェンハイムを2つの側面で大きく変革した。一つは将来への投資として若手を中心に補強すること、そしてもう一つはアカデミーを設立することだ。さらに彼はホッケー指導者のペータースをパフォーマンス部門のトップとして誘い、グロースをアドバイザーの立場に据えた。彼はホッフェンハイムのプロジェクトを「白い紙」と表現し、歴史を描くことを選んだのだ。ホッフェンハイムがブンデスリーガに昇格した時、チームは若い才能に溢れていた。

当時23歳のデンバ・バ、21歳のカルロス・エドゥアルド・マルケス、22歳のチネドゥ・オバシ・オグブケは特に目立った若手選手だった。1部リーグでもホッフェンハイムは快進撃を続ける。多くの専門家が金銭的なサポートに支えられた成功だと考えたが、ラングニックのプロジェクトは戦略的に完璧なものだった。冬にはリーグ首位となり、さらに若いタレントが加わることになる。例えばルイス・グスタボは当時21歳でホッフェンハイムに加入した。ラングニックはシーズン開始当初には4人の南米出身選手をチームに揃えていたが、ブラジル人の若手にも注目していたのだ。

しかし、シーズンを経ていく過程で若手選手はプレッシャーと期待で集中力を失っていく。若き才能たちはヨーロッパの強豪クラブからもアプローチされるようになり、結果的にチームは7位でシーズンを終えることになる。最終的に序盤の勢いを保つことは難しかったが、ラングニックは自らの信じるスタイルで期待以上の結果を残すことに成功する。スピードとインテンシティはラングニックが掲げる一つの理想であり、ホッフェンハイムのパフォーマンスは素晴らしいものだった。2008年12月、彼はバイエルン・ミュンヘンを敵地アリアンツ・アレーナでギリギリまで追い詰める（試合結果は2対1でバイエルンが勝利）。そのハイテンポなゲームは関係者にも高く評価され、ドイツ紙『フランクフルター・アルゲマイネ・ツァイトゥング』は「サッカー協会の指導者教育用のDVDに収録されるべきゲーム」と表現した。

そして、ラングニックはドイツでも無視できない存在になっていく。次のシーズンは11位で終えるが、ラングニックは将来への種を撒いていた。しかし、ラングニックは2010-11シーズンの途中でオーナーと衝突。中盤の要であったルイス・グスタボをバイエルン・ミュンヘンに移籍させた上層部の決断に反対し、彼はクラブを去ることになる。

再びシャルケに戻ったラングニックはチャンピオンズリーグで彼らを準決勝まで導く。マンチェスター・ユナイテッドに敗北するが、DFBポカールではタイトルも勝ち取った。2011年9月にはシャルケと2度目の別れを経験するが、彼は燃え尽き症候群となっていた。彼はチームを裏で支えながらチームを牽引する存在として働いてきた。彼は明らかに働き過ぎであり、不健康な生活を続けたことでモチベーションの上がらない状態になっていた。

英国のジャーナリスト、ジョナサン・ハーディングの著書『Mensch: Beyond the Cones』においてグロースは彼とラングニックが求めた圧倒的な深みについて次のようにコメントしている。

「ドイツでは監督は哲学を持たなければならないと言われている。彼らはプランAしか用意しておらず、頭の中にプランBは存在しない。私とラングニックが発展させてきた思想はその一方でプランAからZを用意している。つまり、我々にとってゲームの中に答えられない課題は存在しない。その解決策は他の指導者とは異なっているが、どこかに簡単な解決法がある訳ではない。我々は長い時間をかけてそれを積み上げてきたんだ」

ラングニックの4本柱

1年ほど現場から離れるとラングニックは2012年に監督としての復帰を目指していた。しかし、イングランドのクラブに就任するというプランは失敗に終わる。そして夏、ディートリヒ・マテシッツの友人としても知られていたジェラール・ウリエから連絡が届く。彼はレッドブルグループのグローバル・ヘッド・オブ・サッカーとして働いており、アメリカとブラジルでの強化を統括していた。

「ラルフ、ちょうど私はディートリヒ・マテシッツと一緒にいる。もし時間があれば今ヘリコプターに乗って君に会いにいくよ」

そして、この出会いがレッドブル王国の運命を変える。ホッフェンハイムでクラブの全権を握った男はレッドブルグループのSDとしてRBライプツィヒとレッドブル・ザルツブルクの強化を担当することになる。ラングニックは若手と優秀な指導者に投資し、効率的に持続可能なモデルを実現する。彼がレッドブルグループに加わった時、ザルツブルクとライプツィヒに所属する選手の平均年齢は29歳だった。さらにラングニックはクラブが心理学と栄養学の部門に十分に投資していなかったという課題を指摘する。

彼はレッドブルを成功に導いたマーケティング理念で例えながらマテシッツに自らの哲学を説明。若く柔軟な人々がエナジードリンクを愛するように、レッドブルの選手たちも若く吸収力のある人材を揃えるべきだと主張したのだ。そしてクラブはラングニックの思想をベースに生まれ変わっていく。そして、ラングニックの重要な役割がレッドブル全体におけるゲームモデルの統一だった。それがレッドブルグループのサッカーに翼を授けることになる。彼のゲームモデルは4つの柱によって成立している。

- チームの力を最大限に引き出し、リアクションではなくアクションを仕掛けること。ボールを保持している局面だけではなく、ボールを保持しない局面でゲームを支配するにはチームの組織力が必要になる
- 数的優位性を活用し、ボールを可能な限りダイレクトで迅速に動かすこと。無意味な個人技は不要で、軽率なファウルも減らしていく必要がある
- トランジション局面を制し、鋭く逆サイドに展開すること。ボールを激しいプレッシングで5秒以内に奪回し、ダイレクトに縦にボールを供給。斜めの動きを混ぜることでペナルティーエリアに侵入して、ボール奪回から10秒で攻撃を完結させる
- チームのスプリント数を増やし、ボールを奪回する回数を増やすこと。ボール奪取から迅速に仕掛けることで得点の可能性は上昇する

これはラングニックという「ブランド」であり、過去には理解されなかった哲学だった。ラングニックは最初のシーズンでRBライプツィヒを3部リーグに昇格させる。ラングニックの存在はメディアとファンの注目も集めていく。経済的な観点でもラングニックはレッドブルグループにとってポジティブな改善を続けていった。彼らは給料の高いベテランを減らし、若くてハングリーで走れる選手を獲得していく。

「クラブの発展において総合的に関与できますか？」

RBライプツィヒが駆け上がっていく過程で、重要な主力選手となったのが2013年に獲得したヨシュア・キミッヒとユースフ・ポウルセンだ。ザルツブルクでも若手選手の獲得によって平均年齢が24歳まで引き下げられていく。サディオ・マネ、ケヴィン・カンプル、ヴァロン・ベリシャ、ペーテル・グラーチのようなテクニックのある選手がラングニック就任後から2回の移籍期間でチームに加入。ラングニックは2つの目的で若手獲得を狙っており、一つが短い期間で適度な活躍を期待できる選手、もう一つが長期的には売却で大きな利益を生む潜在能力のある選手だ。

安定しなかった2つのクラブは一気に正しい方向に加速する。圧倒的な経済力に後押しされ、RBライプツィヒの快進撃は続く。2015-16シーズンは3部リーグを席巻し、2シーズンで2部を突破。アレクサンダー・ツォルニガーがチームを離れると、ブンデスリーガの舞台でラングニックは監督とSDを兼任。ラングニックの手腕に多くのサポーターが期待し、平均観客数が1万6000人から2万9000人に跳ね上がることになる。東ドイツがラングニックの一挙手一投足に注目していたのだ。

戦術やマネジメントの成功を支えたのが潤沢な資金力だ。RBライプツィヒは2012年から

2016年の間に5300万ユーロを移籍市場に投資し、スカウティングの整備とザルツブルクとの連携を使いながら強力なチームを組織していく。ザルツブルクはオーストリア・ブンデスリーガで絶対的な存在だが、レッドブル帝国は単にスタジアムの成功だけに支えられている訳ではない。ラングニックの思想はレッドブルグループが雇用した多くの人々に受け継がれていったのだ。

2019年、レッドブルにおけるラングニックの役割は変更される。彼はグローバルにレッドブルグループに属するサッカーチームを横断的にマネジメントすることを求められ、ニューヨークやブラジルのクラブも彼の管轄下となる。『ガーディアン』のインタビューでラングニックは次のようにコメントしている。

「今、私は自分に与えられた役割に満足している。もし他のクラブが私を誘おうとした時、質問は次のようなものになるだろう。『私はクラブの発展において総合的に関与することができますか?』。それが難しければ私は自分の力を半分も発揮できないはずだ。もしクラブの上層部と信頼関係を築き、お互いを尊敬しながら仕事ができるのであれば我々は成功する」

レッドブルは見事にラングニックの力を引き出すことに成功したのだ。

【追記】ラングニックは2021年11月よりマンチェスター・ユナイテッドの暫定監督を務めている

ドイツ最高の智将

「マネジメントとは30％が戦術であり、70％が社会性だ」

「Menschenfanger（人たらし）」の異名を持つユリアン・ナーゲルスマンは圧倒的な若さで注目されることが多い戦術家だが、彼の武器は選手たちと心を通わせる人間性だ。若さを活かし、ナーゲルスマンはInstagramやFacebookのようなツールを理解している。彼の考えではそれこそがコミュニケーションの土台だ。彼は若者たちが面白いと感じるものを知ることで常にジョークを交えながら選手を楽しませる。

年齢が注目されるのは彼が塗り替えてきた歴史を考えれば不思議はない。ブンデスリーガ最年少監督記録を樹立し、チャンピオンズリーグでも同じように記録を塗り替えた男はどうしてもそのイメージが先行しやすい。しかし、ドイツの指導者界では徐々に年功序列の関係性が崩れてきている。複雑な現代サッカーに適応するにはフィールドで発生している事象だけでなく、様々なことに気を配らなければならないのだ。

ナーゲルスマンはもう一つ現代サッカーにおけるパラダイムシフトを象徴している。それがプロサッカー選手としてプレーしていない名将たちの誕生だ。この分野における第一人者は間違いなくジョゼ・モウリーニョだが、ナーゲルスマンも仮説の信憑性を増す存在となった。彼はプロ選手になることを望まなかった訳ではなく、不運によって指導者の世界を選択しなければならなかった。

ランツベルクで生まれたナーゲルスマンは1860ミュンヘンに15歳で加入。20歳になった時、膝の手術がナーゲルスマンの選手としてのキャリアを完全に奪ってしまう。近しい人々は彼の選手としての未来が失われたことを嘆いた。そして、悪いことは続く。彼は父親を病気で失い、精神的に深い傷を負うことになる。ナーゲルスマンがピッチに戻ってくるのかを疑問視する人々も少なくなかったが、彼はやはりサッカーから離れることはできなかった。まずは大学に進学し、ビジネスの学位を取得するとスポーツ科学を専攻。同時にコーチングライセンスの勉強もスタートし、A評価を達成する。選手時代はジョン・テリーと比較されるようなリーダーシップで知られたCBでチームメイトを盛り上げる存在だった。

そして、傑出した学習能力は彼を指導者としてもトップレベルの存在へと導いていく。ナーゲルスマンがキャリアをスタートしたのがアウクスブルクだ。彼はトーマス・トゥヘルに才能を認められ、ユースチームの指導を担当するようになったのだ。トゥヘルはコーチングライセンス取得を目指すナーゲルスマンの推薦文を担当したり、アイデアを交換したりしながらナーゲルスマンのサッカー観を醸成していった。

2010年、ナーゲルスマンは違った環境で経験を積みたいと考え、ホッフェンハイムに加入。アカデミーで指導者として働いていた頃、ホッフェンハイムはラングニックのメソッドによって急激な変革を経験していた。ラングニックはナーゲルスマンの能力に気付いており、ナーゲルスマンはU‐16チームからU‐19チームへと順調にステップアップしていった。ラングニックは2012年にレッドブルに仕事場を移した時、ザルツブルクのアカデミーにナーゲルスマンの就任を望んでいたという。それは成立しなかったが、もしマルコ・ローゼとユリアン・ナーゲルスマンがザルツブルクのアカデミーで働いていたら……という仮定も興味深い。

U‐19チームを率い、結果を残したことでナーゲルスマンはブンデスリーガでも指折りの若手指導者として知られるようになる。バイエルンはアカデミー指導者として彼の招聘を望み、上層部との面談まで実施していた。バイエルンは当時の監督だったグアルディオラとナーゲルスマンが会話する機会さえ与えたという。

ボール保持とプレッシングの融合

しかし、ホッフェンハイムがナーゲルスマンという宝石を簡単に手放すはずがない。彼らは2016‐17シーズン、ナーゲルスマンをトップチームの監督に就任させたのだ。しかし、状況は最悪に近かった。２０１６年2月に前監督のフーブ・ステフェンスが心臓の病気を理由に辞任すると、ナーゲルスマンは予定よりも5カ月ほど前倒しでトップチームの指揮を任されることになる。当時28歳のブンデスリーガ最年少監督は地元紙に「宣伝目的」と酷評された。

しかし、当時17位のチームをナーゲルスマンは大胆に導いていく。彼らは残り14試合で7勝を成し遂げ、降格圏から見事に脱出したのだ。そこからの3シーズン、ナーゲルスマン率いるホッフェンハイムはリーグ屈指の魅力的なチームになる。彼らはトップクラスに比肩する個の能力がなくてもメンタルの強さとハングリー精神で懸命にプレーしていた。ナーゲルスマンはマネジメント能力の高さを活かしながら、オーナーであるディートマー・ホップの資金を使って最先端の機器を導入していく。

例えば、彼らが導入して話題になった「Footbonaut」は選手がボールをコントロールし、正しいところにボールをパスするトレーニング設備だ。それだけでなく、ナーゲルスマンは特注の「ビデオウォール」を発注。トレーニンググラウンドに併設されたスクリーンはコーチングスタッフによって操作可能な複数のカメラによる映像を映し出すものだ。

彼はこの6×3メートルのスクリーンを選手に見せながら細かく戦術的な指導を続けていく。技術と人間性に加え、ナーゲルスマンは戦術の面でも他を圧倒していた。トゥヘルやラングニックのサッカーを学びながら、憧れるグアルディオラからも様々な戦術を吸収していた男は「3-1

-4-2」のフォーメーションでブンデスリーガを席巻していく。

戦術の核を担ったのがナーゲルスマンが就任してから最初の移籍期間に獲得したケヴィン・フォクトだ。もともとセントラルMFとしてプレーしていた彼をナーゲルスマンはCBにコンバート。長いパスの精度に定評があったMFは3バックの中央で「クォーターバック」として覚醒。バックラインの柱となり、タイミングを見て中盤のポジションに進出しながらビルドアップをサポートした。

ホッフェンハイムが志向したポジショナルプレーと組織において、中央の選手を働かせるには両サイドが幅を取る必要があった。CHはその動きに連動しながらワイドにも走り、CFやWBと連携しながら数的優位を作っていく。2017-18シーズンにローンでチームに加わったセルジュ・ニャブリ(2021年現在:バイエルン・ミュンヘン所属)はナーゲルスマンのシステムで飛躍した一人だ。チームの攻撃的な流動性はテクニックとスピードに長けたアタッカーの能力を最大化し、29試合で10ゴールを記録。ドイツ代表にも招集されるなど、素晴らしいシーズンとなった。

「3-1-4-2」をベースとした彼のプレッシングパターンは「pendulum effect(振り子効果)」と呼ばれる状況を作り出す。ホッフェンハイムが片方のサイドを攻撃されると、選手たちが逆サイドから移動してプレスへの耐性を強めようとしていくものだ。例えばホッフェンハイムは右サイドから攻撃されていくタイミングで、右ＳＢの選手がプレッシングで敵陣まで進出する。それに伴い、ＣＢを含めたバックラインが右にスライドしていくのだ。結果としてサイドでの圧力と守備のバランスを両立するのがナーゲルスマンの狙いだ。彼らのマンツーマンをベースにしたプレッシングスタイルは前線の選手が相手を追い回しながらミスを誘発していく。

そして、ボールサイドのＣＨは高いポジションまで進出してプレッシャーを強めていく。３年半の間にナーゲルスマンは多くのストライカーを成長させてきた。イシャク・ベルフォディル、マルク・ウート、アンドレイ・クラマリッチ、ザンドロ・ヴァーグナー、ジョエリントンはナーゲルスマンのチームに移籍するとそれぞれに成長を遂げた。ナーゲルスマンがブンデスリーガに与えた影響は大きく、それはグアルディオラのボール保持とラングニックやトゥヘルのプレッシングを融合させたものだった。

結果として彼はヨーロッパで最も期待される若手監督となっている。２０１６年の奇跡的な残留を経て、ホッフェンハイムは次のシーズンも好調を持続する。ナーゲルスマンのトレーニングはさらに洗練され、チームの組織はより強固になった。彼は新しいことを試すのが好きで自らをパン屋に例えている。

「私はパン職人のように働いている。いろいろな材料を混ぜてそれをオーブンに入れる。そして、どうなるかを確かめていくんだ」

「レアルの『先』がイメージできない」

降格候補だったホッフェンハイムは2016-17シーズンを4位でフィニッシュ。チャンピオンズリーグのプレーオフに進出し、クロップ率いるリバプールと対戦している。その試合は残念ながら勝てず、セバスティアン・ルディ、ニクラス・ズーレ、ヴァーグナーといった主力を失う。しかし、次のシーズンもホッフェンハイムは止まらない。彼らは3位で次のシーズンを終え、ナーゲルスマンの名声はヨーロッパ全土に轟いた。彼は失った選手に頼らず、ケレム・デミルバイやニコ・シュルツを成長させることでチームの競争力を持続させた。

シーズン終了後、レアル・マドリーがナーゲルスマンに接触。白い巨人の経営最高責任者であるホセ・アンヘル・サンチェスからの電話はジネディーヌ・ジダンの後釜としてナーゲルスマンを誘うものだった。しかし、彼はそれを断っている。英国の『インデペンデント』紙からの取材に対して、ナーゲルスマンは次のようにその理由を述べている。

「レアル・マドリーからの誘いはとても驚くべきものでした。いろいろと考えましたが、レアルの監督は忙しく自分が監督として成長することは難しいと感じたんです。まだ私は自分のベストに辿り着いていませんが、将来的にはそこに到達したいと考えています。その時にはレアル・マドリーやバルセロナのように勝利とトロフィーが求められる世界に踏み込んでみたい気持ちはあります。ただ、今の私はまだ若いので監督として成長を続けたい。サッカーという予測が難しい世界でキャリアを予測することは簡単ではありません。しかし、我々は正しいステップを踏まなければならないんです。私はもし31歳でレアル・マドリーの監督になったとして、その後に何をするかがイメージできませんでした」

最終的に2019‐20シーズン、ナーゲルスマンはRBライプツィヒの監督に就任する。これは彼にとって次の目標がチャンピオンズリーグでの成功だったということだろう。ホッフェンハイムで初のチャンピオンズリーグに挑んだ彼らはグループ最下位に終わる。グアルディオラのマンチェスター・シティに連敗したナーゲルスマンはインテンシティの高いトレーニングでは選手が疲労し、ホッフェンハイムの選手層では2つの大会を同時進行させるのは難しいと感じていた。ラングニックと同じくナーゲルスマンはチームにおいてある程度の権限を望んでいた。

しかし、ホッフェンハイムの最終シーズン、チームの選手層はブンデスリーガで結果を残すには薄く、最終的に9位となる。それでもナーゲルスマンの評判は良好で実際にホッフェンハイムで残した結果は特筆すべきものだった。ブンデスリーガ116試合でナーゲルスマンのホッフェンハイムは勝ち点191を獲得した。これはバイエルン・ミュンヘン（279）とボルシア・ドルトムント（228）には劣るが、シャルケやレバークーゼン、ボルシアMGのような名門クラブを上回るものだった。そして、そんな期待の若手指揮官がなぜライプツィヒを次の職場に選んだのだろう？

RBライプツィヒでの進撃

まず、ナーゲルスマンのステップアップとしてはRBライプツィヒのレベルは適切だった。彼らはバイエルンの牙城を崩すことを狙うクラブとなっていたが、ヨーロッパサッカーにおける地位と歴史では多くの強豪に劣っている。チャンピオンズリーグの常連となっているヨーロッパ列強と比べればRBライプツィヒはステップアップするのに適切なクラブだった。また、未来へのビジョンが明確で自己の成長に投資するチャンスがあることも彼にとっては重要な理由だった。

2つ目は彼がラングニックと同じような野心を抱いていたことだ。ラングニックがRBライプツィヒで権限を握ったようにナーゲルスマンもある程度の範囲で影響力を求めた。RBライプツィヒはナーゲルスマンの求めに応じており、彼も最初の記者会見では次のようにコメントしている。

「クラブが明確な哲学を定めており、指導者が定める必要がないクラブが好きだ」

オーストリアでのトレーニングキャンプでナーゲルスマンは明確に選手たちに自分の求めるスタイルを説明した。彼はクレーンを使い、上空からトレーニングを見渡しながら、チームが構造を一体化させることの重要性について語った。ホッフェンハイム時代のようにストライカーは前線でプレーし、念入りにカウンターも設計されている。プレッシングのパターンも多数用意されており、チームが3つの大会で勝ち抜くのに必要なトレーニングが準備されていた。

マルツェル・ハルステンベルクはその違いについて下記のようにコメントしている。

「選手に求めるものが多いトレーニングという印象でした。トレーニングが終わってからゲームの型を冷静に思いだすと、同じ型は1回もなかったような記憶があります」

夏に組織の再編を目指していたRBライプツィヒは監督だけでなくSDもマルクス・クレシェに変更。チューリッヒとアストン・ビラにプレシーズンは敗戦し、カップ戦も2部相手にホームで辛勝。危ぶまれていたリーグ戦序盤は5試合で4勝。バイエルン・ミュンヘンに引き分けたが、順調なスタートダッシュに成功する。しかし、そこからの数週間はタフだった。レバークーゼン、ヴォルフスブルク、フライブルク相手に勝ち点を落とすが、マインツ相手にティモ・ヴェルナーが大爆発。8対0という歴史的な大勝を成し遂げる。得点力にはまったく問題がなく、11月初旬から1月中旬までの8試合で34ゴールを記録。ドルトムントとは3対3という撃ち合いを演じるが、強豪相手の勇敢なパフォーマンスは評価に値するものだった。

また、クラブはチャンピオンズリーグという大舞台でも結果を残す。リヨンとベンフィカ、ゼニトによって構成されたグループリーグを突破し、チャンピオンズリーグ本戦進出監督の最年少記録を塗り替えたのだ。しかし、シーズン後半はRBライプツィヒも失速を避けられなかった。バイエルンが首位に復帰し、長期戦では戦力で上回る強豪が意地を見せた。ただ、2020年の2月はRBライプツィヒが本領を発揮したことにも言及しておきたい。ブレーメンを危なげなく3対0で破ると敵地でプレミアリーグの難敵トッテナムに1対0。厳しいゲームで勝負強さを見せるとシャルケを5対0で粉砕する。ロンドン遠征からわずか3日後、シャルケ相手に平均走行距離で6キロ以上の差をつけたパフォーマンスは圧巻だった。

そして3週間後、トッテナムを3対0で破る。コロナウイルスによる混乱までクラブは絶好調を保っていた。RBライプツィヒはリーグ中断を経て最終的にリーグ3位となる。これはネガティブな結果ではないが、冬に首位だったことを考えれば残念なものでもあった。特に中断後は4勝4分け1敗となっており、チャンピオンズリーグ圏外になってしまう寸前だった。しかしヨーロッパの舞台ではRBライプツィヒは進撃を続ける。特に驚きだったのがディエゴ・シメオネ率いるアトレティコ・マドリー相手の勝利だ。彼らはリードを奪い、同点にされても怯まなかった。タイラー・アダムスが決勝点を奪ったゲームについて、2部からチームに所属しているハルステンベルクは「一生チームの皆で共有する、最高の夜だった」と語った。

そして休む暇もなく、準決勝が彼らを待つ。相手はナーゲルスマンにとっては旧知の智将、トゥヘル率いるPSGだった。もともとDFとして現役時代を過ごし、怪我で若くして指導者に転向、20代のうちに指導経験を積み、ラングニックからの影響を受けた2人は運命に導かれるように準決勝へ。しかし、若きRBライプツィヒはミスを重ねてしまってリスボンでの対戦を0対3で終える。当時33歳のナーゲルスマンにとってこの結果は誇るべきものだ。彼は次々とチャンピオンズリーグでも最年少記録を更新し、クラブにとっても目覚ましい成果となった。レアル・マドリーやユベントス、リバプールのような名門でさえも一筋縄ではいかないチャンピオンズリーグでRBライプツィヒは自らの存在価値を示したのだ。

最もRBライプツィヒにおいて注目される選手となったのがティモ・ヴェルナーだ。ストライカーとして成長してきた彼はナーゲルスマンによって前線での自由を与えられる。特に左WGに流れることが多かったが、両サイドでもプレーしながら自らが使うスペースを広げ、味方を使うプレーでも覚醒。スピードと判断力を兼備する彼はRBライプツィヒのカウンターにおける核となっていた。相手の守備から離れたポジションでマークを外し、最も危険なスペースに全速力で走る。その柔軟性はシーズン32ゴール、前のシーズンからプラス11ゴールという著しい成長を支えた。自己最高得点記録を塗り替えた彼は今チェルシーでプレーしている。プレミアでは守備の圧力もあって決定力には改善が必要となっているが、フリーランの技術や運動量で補っている。

成功を支えた4つの要因

組織的な観点ではセットプレーの改善は大きかった。ブンデスリーガのランキングでもRBライプツィヒはセットプレーからの得点数で首位に輝いている。20ゴールをセットプレーから決め、RBライプツィヒは効率的に相手を苦しめた。その成功を支えたのが4つの要因だ。

・精度の高いキッカーの存在

クリストファー・エンクンクとアンヘリーノはCKと外からのFKを担当。また、マルセル・ザビッツァーは遠距離からの正確なキックで相手の背後を狙った

・ボックス内でのクラスター生成

RBライプツィヒはコーナーとワイドなFKの局面で、相手のボックス内に混乱を生むクラスターを生成し、相手の視線を妨害する選手を置くなどの工夫でチャンスを創出していた

・相手のマークを外す斜めの動き

選手たちはボックス内で相手を惑わすべく、何度となく斜めの動きを組み合わせることでマークを外していった

・PKの成功率

シーズンで1度のミスもなく、彼らは100%の成功率を誇った

そして、個性豊かな選手たちが共存したこともチームの強みだった。それぞれまったく弱点のない選手ではないが、彼らが抱える問題を解決していったのだ。マルツェル・ハルステンベルクやルーカス・クロスターマンは怪我の多さを克服することで主力に定着した。ヴィリ・オルバンやイブラヒマ・コナテ、パトリック・シック、クリストファー・エンクンク、アンヘリーノはもともと所属していたクラブでは安定した出番を得られなかったが、チャンスを与えられたことで安定感を高めた。

ヴェルナーやマルセル・ザビッツァー、ダヨ・ウパメカノはヨーロッパで認められた才能だったが、彼らはプレッシャーに臆せずに期待を超えるパフォーマンスを発揮した。ナーゲルスマンの1年目はタイトルには手が届かなかったが、将来の基盤を築いたのは間違いない。レッドブル帝国の悲願はRBライプツィヒのブンデスリーガ制覇であり、ドイツに衝撃を与えることだ。ナーゲルスマンは自らの信じる美しいサッカーについて問われ、「攻撃的であり、サポーターを熱狂させるサッカー。そして選手たちもプレーを楽しみ、コンサートのように人々を沸かせるものであるべきだ」と語っている。

2つのクラブを指導しただけの33歳は黄金に輝く経歴の持ち主となった。スケートボードで練習場に現れ、趣味で飛行機のライセンスを取得しようとする青年はサッカーだけで人生を終える気はない。彼は50歳で監督業を引退し、アルプスでガイドとして余生を過ごすというささやかな夢を抱いている。それをサッカーの世界が許してくれるのかは疑問だが、残りの17年でもこの男は偉大なる足跡を残すに違いない。

ナーゲルスマンにとってサッカーはすべてではない。彼はサッカーにすべてを捧げるような生き方を好まず、選手たちにもサッカー以外の人生を楽しむことを推奨している。ナーゲルスマンは頻繁に山登りを楽しみ、携帯電話やミーティング、WhatsApp の存在しない世界で時を過ごすという。美しい景色に癒され、綺麗な空気を楽しむ。ピッチでの指揮に集中することを助けるのは彼にとってはサッカー以外の経験なのだ。そして一度ピッチに立てば自然を愛する男はもういない。そこにいるのはヨーロッパ最高レベルの監督だ。

【追記】ナーゲルスマンは2021年7月よりバイエルン・ミュンヘンの監督を務めている

困難を友とするアメリカ人

敵地アンフィールドでのチャンピオンズリーグ、レッドブル・ザルツブルクは前半で強豪リバプールに圧倒されてしまう。1対3となったハーフタイムで、指揮官ジェシー・マーシュは感情的に英語とドイツ語の混ざったスピーチで選手を鼓舞する。彼はチームに自分たちの哲学を信じ、プレーに集中することを求めた。

2019年の10月、彼らは国内リーグで圧倒的なパフォーマンスを披露。12試合で55ゴールを記録し、1試合平均で4・58ゴールという攻撃力を誇っていた。指揮官はその攻撃的なスタイルをヨーロッパの強豪相手でも貫こうとしたのだ。

「どれだけのファウルをした？　多分、2回だろう。これはフレンドリーマッチじゃないんだぞ！　チャンピオンズリーグだ！　フィールドで相手と競り合わなければならないんだ！　我々は相手チームを尊敬している。尊敬！　彼らは強いのか？　ああ、当然リバプールは素晴らしいチームだろう。だが、我々のコンタクトはあまりに弱い。タックルも少なければ闘志も十分ではない！　彼らは強いが我々は改善しなければならない。もっと人生を懸けてプレーするんだ。自分たちを信じてフィジカルの強さを示せ。状況によってはそれがファウルになっても仕方がない。

彼らはCKや前線では我々ほど危険ではないし、その部分では勝てるはずだ」

この熱い言葉に呼応したザルツブルクは後半になると驚異的な追い上げでリバプールを苦しめる。最終的には4対3でリバプールが勝利した（決勝点を決めたのはエジプト代表のモハメド・サラー）が、この敗北はザルツブルクにとっては勝利に等しいものだった。強豪リバプールを苦しめた強烈な反撃はヨーロッパの専門家たちに賞賛されることになる。チャンピオンズリーグという最高の舞台と王者のホームスタジアム。ザルツブルクの選手たちだけでなく、指揮官マーシュの魔法にも注目は集まった。彼がどのようにチームを復活させたのか？　というところは多くの人々にとって注目すべきポイントだったのだ。

アメリカ時代もマーシュは自らの信奉するサッカーを貫くことで「番狂わせ」を得意としていた。MLSでプレーしていたMFは2012年に指導者に転向。最初にヘッドコーチに就任したのはカナダのモントリオール・インパクトだった。柔軟な若き指揮官はフランス語圏としても知られるケベック・シティの文化に適合しようとフランス語を勉強する。そして、記者会見ではフランス語で会話することで地元サポーターの信頼を勝ち取った。38歳の若く聡明なコーチはサポーターの人気者になったのだ。

当時MLSでは多くの元選手が指導者になっていたがマーシュには決定的な強みがあった。アメリカの指導者としては有数の実力者として知られるボブ・ブラッドリーが彼の師であったことだ。彼らの出会いはプリンストン大学のチームであったプリンストン・タイガースだ。その後、彼らはMLSのDCユナイテッドで再会する。ブラッドリーはシカゴ・ファイアーやチーバスUSAでもマーシュを重用し、アメリカ代表ではアシスタントコーチに任命。その経験は貴重なものでブラッドリーとマーシュはお互いを尊敬していた。比較的ベテランが多いチームを率いたマーシュは経験が浅いながらも懸命にチームを率いるがシーズンは12位で終える。デビューシーズンとしてはそこまで悪い結果ではないが、オーナーのジョーイ・サプトは満足しなかった。彼は最初の失敗でリーダーシップの重要性を再認識することになる。

モントリオール・インパクトを解任されると、彼は5カ月間で29の国を訪れる家族旅行に出かける。香港からスタートすると東南アジアへ移動し、そこから電車やバス・船を使いながらヨーロッパを目指していく。マーシュは自ら「移籍期間」という言葉を使いながら家族が新しい場所に慣れるのに必要な時間を確認していた。新しい場所に移動する回数が増えていくとその時間は短くなっていった。この休暇はマーシュにヒントを与えた。彼は旅行期間を利用して過去の代表監督や元チームメイトと会う機会を作っていたのだ。UAEやエジプトの代表監督経験者やチェコやベルギーでプレーする元チームメイトとの会話はマーシュにとって新鮮な体験だった。

NYでの成功

地元に戻るとプリンストン大学でジム・バーロウのアシスタントコーチに就任するが、最終的な目標はMLSでの成功だった。そのチャンスが眼前に現れたのは2015年。レッドブルグループに買収されたニューヨーク・レッドブルズが彼の招聘を発表したのだ。ファンは実績に乏しいマーシュでは厳しいと考えており、ニューヨークの人々からの反発は強かった。選手時代からファンに愛されたマイク・ペトケの解任もあり、雰囲気は最悪。

サポーターの感情を抑えようとクラブは「タウン・ホール・ミーティング」という集会を計画する。そこには当時のSDだったアリ・カーティス、GMのマルク・デ・グランプレ、GKのルイス・ロブレス、そして監督のマーシュが参加していた。あるファンは怒りに震えながら、「なんでマイク・ペトケを解任したんだ？　これ以上のバカはやめてくれ！」と訴えた。しかし、マーシュはそれに紳士的に回答していく。

「あなたは私を好きになる必要はないし、一生好きにならないかもしれない。それが監督という仕事だ。それは私にとっては重要ではない。重要なのはチームだ。もしチームが敗北すればあなたは私を嫌うだろう。勝てばもしかしたらあなたは喜んでくれるかもしれない。しかし、どちらにしてもチームにチャンスを与えてほしい」

少しずつ沈静化したサポーターが彼の好むプレースタイルを尋ねると、彼は次のように答えた。

「簡単に言えば、エナジードリンクのようなスタイルだ。ダイナミックでアップテンポなゲームを志向し、結果を残したい」

この言葉は特にレッドブルの買収に納得していないサポーターを再び激怒させてしまうことになる。序盤は「オーナーの操り人形」と嘲笑を浴びていたマーシュだが、彼は自分の力を証明していく。レッドブルズはもともと［4-2-3-1］のフォーメーションを採用しており、プレッシングを主としたサッカーを得意としていた。プリンストン大学時代に彼は頻繁に手漕ぎボートのチームを観察し、どのように選手たちが協調しながら共通の目標を達成するのかを観察していた。マーシュはそのアイデアをサッカーでも参考にしようと考えた。チーム全員が一緒にプレスを仕掛け、ノンストップで継続する必要がある。マーシュは斬新なアイデアをベースに魅力的なサッカーを実現し、コンパクトな陣形からのハイプレスとスピーディーな攻撃でMLSを席巻していく。

門出を危ぶまれていたニューヨーク・レッドブルズは4対1でニューイングランド・レボリューションを粉砕。2015年にはニューヨーク・シティに連勝するなど、そのパフォーマンスは絶対的だった。MLSカップは残念ながら東地区の決勝戦で敗北したが、サポーターズ・シールド（M

ＬＳのレギュラーシーズンにおいて最多勝ち点を獲得したチーム）の受賞は大きな実績だった。最終的にはサポーターもマーシュを賞賛することになった。もはやマーシュの成し遂げたことは奇跡に近かった。給与はリーグでも最安レベルで、選手が慣れ親しんでいないシステムを採用したレッドブルズがクラブレコードとなる勝ち点60を獲得したのだから。ＭＬＳ最優秀監督賞も受賞し、マーシュは突如としてアメリカの指導者ピラミッドのトップに君臨する存在となる。

チームへの投資は少なく、例えば２０１６年にはチーム最高のＣＢであるマット・ミアズガ（２０２１年現在：アラベス所属）をチェルシーに放出。その後釜は補強されずレッドブルズは序盤のスタートダッシュに失敗する。それでもマーシュはブラッドリー・ライト＝フィリップスやサーシャ・クリエスタンのような好調のアタッカーを中心にチームを組織し、ニューヨーク・シティ相手には7対0で大勝。しかし、ＭＬＳカップのプレーオフでの敗北はファンを失望させてしまう。

マーシュはこの頃からヨーロッパクラブでの挑戦を考えるようになっていた。アメリカの若手選手はヨーロッパでも活躍するようになってきていたが、指導者は厳しいままだった。師であるブラッドリーの挑戦は扉を開いたが、スウォンジー・シティでの２０１７-18シーズンは失敗に終わってしまった。マーシュはパイオニアとなった師に続き、ヨーロッパでの成功を目指していた。２０１７年にマーシュはレッドブルズのトレーニングを数日休み、スコットランドでＵＥＦＡ

PROライセンスの講習に参加。2017シーズンも投資は限られていたが、マーシュは戦術の幅でチームに刺激を与えていった。彼は3バックにトライしながらベテランのダニエル・ロイヤーに責任を与えていく。同時に若きタイラー・アダムスを抜擢し、将来の柱として育成していった。

このシーズンも満足する結果は残せなかったが、次のシーズンにマーシュは伝説となる。序盤は安定感を欠いたが、レッドブルズは次々と重要なゲームに勝利。シーズンの中盤でクラブを去るが、彼は最終的に「76勝30分け45敗」というクラブ史上でも最高の記録を残した。2018年にもサポーターズ・シールドを獲得するが、その場にマーシュはいなかった。彼はレッドブルグループでも期待される指導者の一人となり、夢だったヨーロッパでの挑戦が決定していたのだ。

ヨーロッパでも発揮された適応力

RBライプツィヒを率いたラルフ・ハーゼンヒュットルが2017-18シーズン終了のタイミングでクラブを去り、ナーゲルスマンが1年後にクラブに就任することが決定していたことで1シーズンの空白が生じる。そこでラングニックが監督として復帰する。そのアシスタントコーチに指名されたのがマーシュだった。彼はアメリカ代表監督の誘いを断り、自分の夢だったヨーロッパでの挑戦を決断する。監督だった彼にとってアシスタントコーチは本来であれば降格だ。しかし、ヨーロッパでの成功を考えた時、マーシュにとっては正しい選択だった。ラングニックも「私はリーグとチームを知っているし、言葉の面でも問題はない。今のところマーシュにはそれが難しい。だから私は彼をアシスタントコーチに任命した」とコメントしている。そのシーズン、RBライプツィヒはDFBポカールでは決勝に進出し、ブンデスリーガでは3位となる。マーシュはラングニックの右腕として活躍し、後述する「規律面」でもラングニックに貴重な助言を与えていた。

そして2019年の4月、レッドブルグループはマーシュに要職を託す。マルコ・ローゼがボルシアMGに加入したタイミングでレッドブル・ザルツブルクはマーシュを監督に指名したのだ。彼はレッドブルグループで成功を続けており、見事にその信頼を勝ち取ってきた。ニューヨークと同じくマーシュを歓迎するサポーターは少なかった。彼の就任が発表されると地元のサポーターは反発。シュトゥルム・グラーツ戦のスタジアムには「マーシュにNOを」というバナーが掲げられることになった。

しかし、マーシュはその適応力で疑う人々を納得させていく。RBライプツィヒでドイツ語を学んでいた彼は最初の記者会見をドイツ語で対応。ピッチでは「4-2-2-2」を採用し、攻撃的で派手なサッカーで人々を驚かせた。ローゼのサッカーと共通点も多く、トランジション局面では鋭いカウンターを披露。柔軟に前線が連動しながらその4人が躍動していく。守備面ではマーシュのプレッシングは少しローゼとは異なっていた。

4バックに対して4人のアタッカーが猛烈にプレッシングを仕掛け、ターンオーバーを誘発するのだ。自陣での守備時にはSHが戻り、SBをカバーしながら数的優位を確保する。特にヨーロッパの舞台で整備された守備組織は相手を苦しめていた。マーシュは若い選手にもチャンスを与えており、彼らの恐れを知らないプレーをポジティブに活用していた。

「不快な環境で快適に生きる」

マーシュのチームにおいて攻撃の中核となったのが南野拓実だ。散発的に出番を得ていた日本人アタッカーはマーシュによってポゼッションの「起点」へと姿を変える。彼はチームが最初に探す選手となり、そのオフ・ザ・ボールの質も傑出していた。マクシミリアン・ウーバー（2021年現在：レッドブル・ザルツブルク所属）、奥川雅也（2021年現在：アルミニア・ビーレフェルト所属）、ソボスライ・ドミニク（2021年現在：RBライプツィヒ所属）も、シーズンで様々なことを経験することで成長を遂げていった。

選手たちの精神的な成熟はチャンピオンズリーグでベルギーのヘンクに6対2で勝利したゲームやアウェーでのカップ戦で強豪ラピッド・ウィーンを2対1で破ったゲームなどに現れていた。

後半は少しスランプに陥り、特にアーリング・ブラウト・ハーランドと南野の移籍は大きかった。チャンピオンズリーグではリバプールとナポリが順当にグループリーグを突破し、ヨーロッパリーグではフランクフルトに敗戦。偶然にも過去にザルツブルクを率いたアドルフ・ヒュッターとの対戦だった。コロナウイルスのパンデミックがヨーロッパで発生し、2020年の春は多くのチームが混乱に陥っていた。首位のLASK（2013年には破産寸前となり、2014年には3部でプレーする激動の歴史を過ごしたチームとしても知られる）を勝ち点6差で追っていたザルツブルクは、LASKがロックダウンのルールを破ったことで勝ち点を剥奪されたこともあり、最終的には首位に復帰する。

パトソン・ダカ（2021年現在：レスター・シティ所属）はハーランドの後釜となり、27ゴールを記録。チームとして110ゴールを決めたチームはロジャー・シュミットが率いた2014年のチームが樹立したゴール記録に並ぶことになった（シュミットのチームは同じくシーズン110ゴールを記録したが、試合数は今よりも4試合多かった）。マーシュのチームはカップ戦でも快進撃を続け2冠を達成。カップ戦は5試合で23ゴールを記録し、準決勝ではLASKを破った。決勝では2部から勝ち上がったアウストリア・ルステナウを5対0で破り、強豪としてのプライドを示した。

アメリカ人監督は順風満帆ではなかったが、それでも素晴らしい結果を残した。ボルシア・ドルトムントが指揮官候補にリストアップしたという報道があったように、ブンデスリーガの強豪も彼に興味を示していた。ザルツブルクで直近、監督をしてきた5人のうち3人がブンデスリーガで監督を務めており、マーシュへの期待も高まっている。彼はこれまで何度もサポーターに反発されながら結果で彼らの信頼を勝ち取ってきた。マーシュはリスクと挑戦を好んでおり、スリルを求めている。彼自身の言葉を借りれば「不快な環境で快適に生きる」ことを目指しているのだ。若きアメリカ人監督は無限大のポテンシャルを秘めている。

【追記】レッドブルグループでステップアップを続けてきたマーシュは2021年7月よりRBライプツィヒの監督を務めている

参考文献：Honigstein,R.,Das Reboot:How German Football Reinvented Itself and Conquered the World, Yellow Jersey Press,September 2015
Harding,J.,Mensch:Beyond the Cones,Ockley Books,June 2019 Lyttleton,B.,Fishing in a Small Pond,The Blizzard,Issue Sixteen,March 2019

2章　グローバル展開するレッドブルブランド

渡米するレッドブルブランド

ニューヨークは常に世界の中心として知られる都市の一つだ。ビッグ・アップルというニックネームでも知られるアメリカ最大の都市で開催されるイベントはそれだけで特別なものとなる。当然、スポーツにおいてもニューヨークを本拠地とするチームは少なくない。NBA（ナショナル・バスケットボール・アソシエーション）のニューヨーク・ニックス、MLB（メジャーリーグ・ベースボール）のニューヨーク・ヤンキースは長い歴史と受け継がれる伝統を誇っている。

そのニューヨークの伝統はサッカークラブにも存在している。1996年にMLS（メジャーリーグ・サッカー）が設立されたことに加え、W杯の開催で「サッカー不毛の地」とも呼ばれていたアメリカに空前のサッカーブームが到来する。プロクラブとしてリーグをスタートした10チームのうちニュージャージー・メトロスターズがニューヨークを本拠地としていた。アメリカにおける最大の市場であるニューヨークで、未知のスポーツであったサッカーは特に存在感をアピールすることが求められていた。

そこに加わったクラブは当然アメリカの大都市を本拠地に選び、多くのトッププレーヤーを海外から獲得していった。クラブ名はオーナーが保有していたメトロメディアグループをベースに決められたが、もともとはエンパイア（帝国）・サッカー・クラブという名前を望んでいたようだ。最初の案はリーグによって却下されたが、メトロスターズはイタリア代表で活躍したロベルト・ドナドーニを最初のスターとして獲得するなど、積極的に補強。彼は2年前にはW杯の決勝でプレーしており、まだまだ現役の選手として期待されていた。

当然のように優勝候補として期待された彼らだが、期待通りに進まない日々が続くことになる。MLS最初のホームゲームでは、元ユベントスのニコラ・カリコラが終盤にオウンゴール。ニューイングランド・レボリューションに敗退したゲームは彼らにとって呪いとなった。

他のチームが比較的順調に補強した選手を中心に結果を残していく一方、メトロスターズは苦しんでいく。当時、スタジアムは東部の強豪として知られるNFL（ナショナル・フットボール・リーグ）のニューヨーク・ジャイアンツとの共有だった。ポルトガル人指導者のカルロス・ケイロスやW杯優勝メンバーのローター・マテウスのようにビッグネームを招聘したが、期待は裏切られることになってしまう。2003年には元アメリカ代表監督としても知られるボブ・ブラッドリーが就任し、USオープンカップの決勝戦とリーグのプレーオフにチームを導くも、最後の壁を超えられない。結果的にメトロスターズは地域の名前をクラブ名から除外するという、アメリカのスポーツでは珍しい選択を下す。

メトロスターズは勝てないチームとして揶揄されるようになるが、2006年に状況が一変する。前年にレッドブル・ザルツブルクを設立したレッドブルがアメリカでもクラブを探していたのだ。ディートリヒ・マテシッツにとって当時1800万人のプレー人口と6000万人の観戦者を抱えると考えられていたアメリカのサッカーという市場にレッドブルをアピールする機会は見逃せないものだった。彼は重要なプロジェクトとして北米の開拓に挑み、同時にアメリカにおけるサッカーの可能性にも着目していた。

ヨーロッパのクラブを保有することになった今、レッドブルにとってはマーケティングという観点でも北米市場こそが最も論理的な次の一手だった。彼らは最初ニューヨーク市と協同しながら新しいクラブを設立することを考えたが、スタジアムへの投資が必要だったことで断念する。選手とコーチングスタッフを新しく雇用することを考えれば、オーストリアで成功したように既存のクラブを買収する選択肢が妥当だと考えたのは当然だろう。彼らはまったく同じことをニューヨークでも実行することになる。

彼らはメトロスターズを運営していたAEGから約1億ドルで買収し、オーストリアと同様にクラブカラーと紋章をレッドブル仕様に変更した。ここでニューヨーク・レッドブルズが誕生する。このクラブ買収に対する反応はオーストリアと比べると多様なものだった。ネガティブな反応としてはクラブは弱かったが自分たちのクラブが積み上げてきた歴史を守りたいというものだった。これは4100マイル離れたオーストリアにおけるサポーターの反応と酷似している。

特に多くのファンが反対したのがロゴだった。彼らはクラブの象徴をプロモーションの道具として使おうとするレッドブルに嫌悪感を抱いたが、それでもMLS自体の歴史が浅かったこともあり、その反発はヨーロッパと比べると穏やかなものだった。生活の一部としてサッカークラブが存在するヨーロッパと新しい娯楽の一つでしかなかったアメリカでは人々の反応が違うのも当然と言えば当然だった。

そして、サポーターがレッドブルを歓迎した理由の一つが「スタジアム」だ。2000年頃からメトロスターズのサポーターはサッカー専用のスタジアムをクラブに要望していた。8万人のキャパシティを誇るジャイアンツ・スタジアム（今はメットライフ・スタジアムとして知られている）は1万5000人ほどの観客しか集まらないメトロスターズのホームゲームには厳しいものだったのだ。スタジアムの一体感はどうしても高まらず、それがサポーター最大の悩み事だった。

そして、アメリカンフットボールのスタジアムを共有することは他にも様々な問題を抱えていたことも事実だ。クラブは10万ドル近くを支払うことでスタジアムを共有していたが、ピッチのコンディションは酷いものだった。天然芝ではなく人工芝であり、基本はアメリカンフットボールのラインが引かれていることもサッカーをプレーする時に邪魔になる。そのようにスタジアム問題はサッカークラブとして解決しなければならない課題だった。AEGは最終的にニュージャージーのハリソンを選択するが、もともとニューアークとカーニーをスタジアム建設候補地として検討していた。

レッドブルの買収から1年後、AEGはスタジアムの建設権を保有していたが、彼らは結果的にレッドブルにそれを売却することになる。コンサートやイベントを主催しているAEG側はスタジアムにステージを設立することを求めたが、レッドブルは強硬に反対。彼らはスタジアムのデザインをやり直し、デトロイトを本拠地とするロセッティ・アーキテクツに建設プロジェクトを託す。

レッドブルが求めたのはヨーロッパや南米の雰囲気を味わえるスタジアムであり、ピッチと観客席の距離を重要なポイントとして定めていた。10年間の計画で複数回の遅延を経験しながらもレッドブルは総額2億ドルを投じて2万5000人を収容する「レッドブル・アリーナ」を2010年に完成させる。これはレッドブルにとっても悲願であり、サポーターにとってもメトロスターズのままでは不可能な贈り物だった。

新たなクラブ設立に必要となるコストと時間を冷静に算出したレッドブルは慎重にニューヨークにおけるクラブの買収に着手し、スタジアム建設というプランを実行に移していった。結果としてレッドブルはヨーロッパにおける悪役のポジションではなく、アメリカの地ではサポーターから認められる存在となっている。

同時にレッドブルはピッチ内外での組織的な変革にも着手している。彼らはニューヨークという都市の潜在的なマーケティング力を把握し、海外からトッププレーヤーを補強。国内でも屈指のタレントを揃えることで彼らは強豪チームへの階段を駆け上がっていく。2007年にはコロンビア代表のファン・パブロ・アンヘルを獲得。リーベル・プレートやアストン・ビラで活躍したストライカーの獲得は、21世紀初頭にニューヨークで急増していたラテン・ヒスパニック系の人々を熱狂させるものだった。南米からの選手獲得は過去にもあったが、アンヘルのようなスター選手は過去に存在しなかった。チームに加わったアンヘルは鮮烈なプレーでチームを牽引し、6試合連続ゴールを記録。デビューシーズンは19ゴールで得点王に輝くなど、その実力とカリスマ性でスター選手となった。

そして3年後にはMLSの歴史上でも「最も有名な選手の一人」であるティエリ・アンリの獲得を決定する。アーセナルでは無敗優勝の立役者となり、バルセロナではチャンピオンズリーグ制覇も経験したフランス人FWはクラブのブランド価値を飛躍的に向上させることになった。そして2012年にはプレミアリーグで活躍したオーストラリア代表FWティム・ケーヒルを獲得。彼らのようなトップスターを魅了したのはレッドブルの潤沢な資金力だけではなく、ニューヨークでの生活だった。

同時に彼らは国内のタレントへの投資も欠かさなかった。例えば初期ではキャプテンとして活躍したクラウディオ・レイナを重用。レイナのサポートもあり、アメリカ代表としても活躍したFWジョジー・アルティドールが成長する。マット・ミアズガやタイラー・アダムスのように今でもヨーロッパのトップレベルに若きタレントを輩出している。

給与を抑えながら結果を出し続ける

しかし、過去のメトロスターズ時代を何度もサポーターに思いださせたのが「勝負弱さ」だ。例えば、2008年のMLSカップは最初の躓きだった。レッドブルのアメリカ挑戦に多くのサポーターは期待を抱き、好調を保つアンヘルとデイブ・ファン・デン・バーグが前線で見事なコンビネーションを披露。のちにメキシコ代表とパラグアイ代表を率いるファン・カルロス・オソリオが指揮したチームは優勝候補の筆頭だった。しかし、決勝戦ではコロンバス・クルーに1対3で敗戦してしまう。前半は圧倒的なパフォーマンスを披露したが、後半の失速が痛恨だった。

翌年、彼らはCONCACAFチャンピオンズリーグに出場する。トリニダード・トバコのWコネクションとのゲームではアウェーで2対2での引き分けとなる。遠征と難しいアウェーの環境を考えれば決して悪い結果ではなかったが、ホームでは1対2でショッキングな敗戦を喫する。このゲームは2009年5~8月の3カ月で未勝利という悪循環での敗戦となり、結果的にオソリオ監督が解任されることになる。

2010年6月にはUSオープンカップでUSL2部に所属するハリスバーグ・シティと対戦（2017年にはクラブが再建され、ペンFCに改名している）。アメリカでは4部リーグに相当するクラブとのゲームで彼らは0対1でまさかの敗北を経験する。この試合でゴールを決めたガーナ人MFのドミニク・オポンはこれまでのキャリアで1ゴールしか決めたことがない選手だった。単なる運のなさなのか、それとも最初のホームゲームを勝利で飾れなかったことに起因する「カリフォルニアの呪い」なのかは不明だったが、その悪い流れはこれで終わることはなかった。

2012年と2013年にはアメリカ東地域の準決勝で続けて敗北。ファーストレグで圧倒的なゲームを披露したあと、セカンドレグでの敗戦という見慣れたパターンが続くことになる。2014年にはカンファレンス・ファイナルでニューイングランド・レボリューションに敗れ、2015年にはコロンバス・クルーに敗北する。

一方でニューヨーク・レッドブルズは着実な強化によって「強豪チーム」として安定した結果を残してきた。彼らは12年間連続でプレーオフに進出し、レギュラーシーズンで最高の結果を残したチームに贈られる「サポーターズ・シールド」を2013年と2015年に受賞。おそらく彼らの強みは給与を抑えながら結果を残し続けることだろう。

例えば2019年、ニューヨーク・レッドブルズはリーグ最安レベルの給与でヒューストン・ダイナモやバンクーバー・ホワイトキャップスのような上位チームを猛追。2015年にサポーター・シールド受賞時にも給与の支払いはリーグ最安となっていた。それでも最大の失望は2018年だろう。レッドブル買収からのクラブ史において最高の監督となったジェシー・マーシュはチームを別次元に導くことに成功する。リーグではMLS史上最高の勝ち点を獲得し、34試合で22勝を記録。しかし、MLSカップファイナルへの進出は夢に終わってしまう。マーシュがチームを離れることになった時、76勝30分け45敗というのはクラブ史上に燦然と輝く最高の記録となった。

マーシュがドイツに渡ってからクラブの状況は悪化の一途を辿る。彼らはプレーオフの初戦で姿を消し、マーシュのアシスタントコーチから昇格した新監督クリス・アーマスはサポーターの批判を浴びることになってしまった。そして、監督だけが大きな問題だった訳ではない。SDのデニス・ハムレットもチームに悪い影響を与えてしまっていた。レッドブルグループでは一定の評価を得ていた存在は移籍市場の動きでサポーターを失望させていた。市場価値よりも安い移籍金で選手を放出し続けたことはサポーターのストレスを溜める原因となった。結果、ファンとクラブ上層部の間に大きな亀裂が生じることになる。2018年と2019年の平均観客数を比べると、1400人以上減っているのが明白な事実だ。

トップチームへの投資が少ないことが問題視されるようになると、致命的なシステムの問題が可視化されるようになっていく。あくまでニューヨーク・レッドブルズはザルツブルクにあるレッドブル本社の意向によって割り当てられた費用しか使えないシステムになっていることが話題になるようになったのだ。レッドブルはレッドブル・ザルツブルクとRBライプツィヒへの投資を重視し、ヨーロッパ市場に注力するようになっていることは自明の理だった。加えて、MLSの仕組み自体がクラブの収益を最大化しにくいという問題に対し、レッドブルが投資を抑えているという仮説も広がっていく。

ニューヨーク・レッドブルズの再建を託されたのが2020年にSDに就任したケヴィン・セルウェルだ。このイングランド人はコーチとしてイングランドのプレストン・ノース・エンドやダービー・カウンティ、ウルバーハンプトンのアカデミーで指導を経験し、アカデミーの再建によってクラブをプレミアリーグに復帰させることに成功する。彼はその実績を評価され、ニューヨーク・レッドブルズの再建を託されたのだ。呪われたスタートから多くの失望を経験しながら、彼らは若手選手の抜擢やスタジアムの新設によってサポーターとの信頼関係を築いてきた。

今、彼らに求められているのは将来のビジョンだ。彼らはMLS最高のアカデミーを有しており、レッドブル買収以前から続く「若手育成の伝統」を守っている。それをクラブの強みとして復権を果たすこと。それこそがニューヨーク・レッドブルズが向き合わなければならない最大の使命なのだ。

NYの伝説となった遅咲きのストライカー

2018年6月、DCユナイテッドとのゲームでブラッドリー・ライト＝フィリップスのシュートがGKデイビッド・オーステッドの守るゴールを破った瞬間は、選手とクラブ、リーグにとって重要な時間だった。これは美しいゴールではなかったが、とても重要度の高いゴールだった。歓喜を爆発させたライト＝フィリップスは99番のユニフォームを脱ぎ、100番の白いユニフォームに着替えた。ルイシャム出身のFWはMLSで100ゴールを記録し、歴史に名を刻むことになった。

ライト＝フィリップスはサッカー選手としてのキャリアにおいて、父親であるイアン・ライトを越えなければならないという期待に苦しんできた。アーセナル史上最高のストライカーの一人として知られ、兄であるショーン・ライト＝フィリップスはマンチェスター・シティやチェルシーでプレーした。ブラッドリーのキャリアは彼らのように順調なものではなかった。マンチェスター・シティのユースからイングランドのクラブを渡り歩いたが、結果を残せなかった彼は新しいチャレンジを求めていた。そして、彼はニューヨークに新天地を求めることになる。

「私は変化を求めていました。チャールトン・アスレティックでプレーしていましたが、最後のシーズンにはローンでブレントフォードに所属していました。イングランド国内ではオファーもありましたが、3部や2部リーグでプレーすることにはあまり興味を持てませんでした。私は当時、サッカーを楽しめていなかったんです。代理人がニューヨーク・レッドブルズのオファーがあると知らせてくれたタイミングで心は決まりました。移籍が決定してはいなかったのですが、まずはトレーニング施設やチームがどのようなプレースタイルなのかを知りたかったのです。ニューヨークでチームを視察した瞬間、このクラブでプレーしたいという気持ちになりました。当時は2013年、私がチームの練習に参加した時にはティエリ・アンリやティム・ケーヒル、ペギー・リュインドゥラのようなトッププレーヤーがチームに所属していました。また、昔から友人だったロイド・サムもプレーしており、チームに馴染むことをサポートしてくれました。アーセナルファンとしてはアンリとプレーすることは夢でした。なので、このチャンスを逃してはならないと考えました」

ニューヨークでアスリートとしてプレーすることはスポットライトに照らされることに等しい。サッカーというスポーツの人気はヨーロッパほどではないが、その注目から逃れることは不可能だ。ニューヨーク・レッドブルズは2013年にサポーターズ・シールドを受賞するが、ライト＝フィリップスの貢献は少なかった。怪我もあり、プレー機会も少なかったからだ。

レッドブルの上層部は彼を放出することも考えたが、ジェラール・ウリエが強硬に反対する。経験豊かな名伯楽はライト＝フィリップスにはもう一度チャンスを与えられるべきであり、彼は十分なモチベーションでプレーしてくれると信じていた。そして、ストライカーはそのチャンスを掴むことになる。MLSはヨーロッパの主要リーグと比べればレベルは低いが、適応には多くの壁が存在している。最も大きな差は移動時間だろう。アメリカ大陸は広く、移動がフィジカルに与える影響は大きい。

「ニューヨークに初めて到着した時、まだそこにレッドブルのスタイルはありませんでした。豊富なタレントを抱えていたのですが、システムやプレースタイルは確立されていませんでした。シンプルに言えばスター選手が個人能力で打開するようなチームでした。私が感じた最大の差は移動でした。また、気候に適応するのも難しいポイントだったと記憶しています。サッカーよりも移動と気候が最も厄介でしたね」

NBAやMLB、NHL（ナショナル・ホッケー・リーグ）のようなスポーツとは違って、MLSのルールではチームがチャーター機を移動に使える回数は限られている。つまり、選手は大抵の場合は通常の飛行機でアメリカとカナダを飛び回らなければならない。長いシーズンを考えれば（2020年は26チームでリーグが構成されており、2022年までに30チームに拡大する予定）、チャーター機は効果的に使う必要がある。その結果としてどうしても移動は疲労するプロセスとなる。例えば天候不良によるフライトのキャンセルなどは選手にとって精神的にもダメージとなるのだ。

ティエリ・アンリの助言

そのような過酷な環境であっても２０１４年はライト＝フィリップスにとって復活のシーズンとなった。ＭＬＳの歴史でもトップレベルに安定したストライカーとして、32試合で27ゴールを記録。リーグでは得点王に輝いた。ライト＝フィリップスは得点を量産したが、レッドブルズはカンファレンス・ファイナルでニューイングランド・レボリューションに敗北。そんな状況でもライト＝フィリップスとアンリのコンビネーションはチームにおけるホットラインとなっていた。

「ここに来たばかりの頃はリーグについても無知でした。当時は『２０１３年のシーズンをプレーしてからイングランドに戻るかもしれない』とすら考えていたんです。ハムストリングの怪我もあってチームには馴染めず、苦しい日々が続いていました。そこでアンリと話をする機会があり、彼は改善すべきポイントを教えてくれました。２０１４年にはアンリが『俺が君のゴールをアシストする』と言ってくれて、プレシーズンからコンビネーションの練習をスタートしました。私はオフ・ザ・ボールの動きやフィニッシュを改善し、危険なエリアに走ればボールを貰えるという感覚でプレーするようになったのです」

アーセナルの熱狂的サポーターだった彼にとって、アンリの助言はプレーを一変させるものだった。28歳でニューヨークに新天地を求めた男の復活劇は伝説的なフランス人ストライカーによって実現する。チームメイトとしての短期間はライト＝フィリップスの人生を変えていった。

「私はアンリから多くのことを学び、毎日彼と話をするだけで成長しているような気分でした。おそらく私のキャリアでアンリとチームメイトになる可能性は低かったと思います。毎日が大切な思い出であり、良い関係を築くことができました」

アンリが2015年に引退し、監督がジェシー・マーシュになるとライト＝フィリップスに懐疑的な専門家も増えていく。チームのリーダーであり、攻撃の起点となっていたアンリを失うことはチームの攻撃力が半減することを意味していた。マーシュの経験が乏しかったことも不安の要因となったが、シーズンが開幕すると不安は払拭される。マーシュのプレッシングを軸としたチームにおいてライト＝フィリップスは17ゴール、7アシストを記録。シーズン途中にショーン・ライト＝フィリップスがチームに加入したことで兄とのプレーが実現したことも大きい。

最初に共演したのはフィラデルフィア・ユニオンとのゲームだ。兄から弟へのアシストもあり、チームは3対1で勝利する。ペトケとマーシュはスタイルが異なっており、前者は選手の強みを活かして自由を与えることを好んでいた。後者は組織的にプレーすることを重視しており、どちらもニューヨークの地では認められる監督となった。ライト＝フィリップスにとって、2人の異なる監督を経験したのも大きかった。

「私は最初、ペトケの指揮するチームでプレーしました。彼は自らの明確な哲学がある監督ではなく、選手を信頼していました。彼はあまりチームの前で喋らず、選手にプレッシャーを与えることは少なかったと思います。その結果、私はシンプルにゴールを決めることだけに集中していました。ニューヨークで師事した3人の監督を比べた時、マーシュがベストなのは間違いありません。彼の残した結果こそが答えですが、マーシュは常に選手の全力を求めるプレースタイルを志向していました。選手は100％の集中力を求められるので、彼のチームでプレーした全員が成長します。トレーニングは過酷ですが、そこで求められるプレーに適応するしか生き残る術はありません。また、彼は選手のマネジメントも素晴らしい。特に1対1での会話を好み、個々に必要な成長をサポートしてくれます。それまではニューヨーク・レッドブルズはタレント頼みのチームでした。マーシュのおかげで我々はチームになったのです」

マーシュのヨーロッパでの成功にもライト＝フィリップスは驚いていない。彼はどこに行ってもマーシュであれば成功すると太鼓判を押す。

「どのリーグでも彼の自信は揺らぎません。彼は自分のやっていることを信じており、戦術的な知識でも並ぶ者は少ないでしょう。ベストを目指さない選手は彼のチームでは出番を失います。どこに行っても彼は変わりませんし、オーストリアでの成功はまったく驚きではありません」

「ベテランはレッドブルでプレーし続けるべきではない」

アンリの引退があってもライト＝フィリップスの活躍は止まらない。２０１６年には24ゴールを決め、ＭＬＳの歴史上初めて「シーズン20ゴール以上を２回記録した」選手となる。また、３シーズンでの総ゴール数でもＭＬＳの歴史に名を刻むことになった。彼が２０１４年から２０１６年までの期間で記録した得点は68ゴールだった（２０１０年から２０１２年の間に62ゴールを決めたクリス・ウォンドロウスキの記録を塗り替えた）。

クラブの最多得点記録も塗り替えた男はサーシャ・クリエスタンとのコンビネーションでゴールを量産していく。レッドブルズのアシスト王は20アシストでカルロス・バルデラマのシーズン27アシストに続く史上２位のアシスト数を記録。

「サーシャは賢く、ファイナルサードでの判断力に優れた選手です。我々はコンビネーションプレーを確立させ、サーシャが私のプレースタイルに合わせてパスを供給してくれていました。彼は危険なエリアにいれば必ず見てくれているパサーでした」

ゴールデンコンビは２０１７年も継続し、ライト＝フィリップスは17ゴールを記録。ＭＬＳカップでの失敗は続いたが、それでもサーシャとライト＝フィリップスはＭＬＳでは別格な存在だった。

2018年、レッドブル・アカデミーの育成が遂に花開く。19歳にして守備的MFとしてリーグ屈指の選手に成長したタイラー・アダムスの台頭とショーン・デイビスの定着でアカデミー出身者がチームの軸になり始めたのだ。ライト＝フィリップスもアカデミーの重要性を信じている。

「ニューヨーク・レッドブルズのアカデミーはとてもレベルが高いと思います。彼らはファーストチームでも活躍しており、ヨーロッパに移籍する選手もいます。レッドブルズは若い選手を抜擢することを恐れず、彼らをトップ選手と一緒にトレーニングさせます。プレシーズンであっても多くのアカデミー所属選手がトレーニングに参加していました。レッドブルズはクラブ全体を一つのチームにしようとしており、アカデミーの成長は喜ばしいことです」

2018年、ニューヨーク・レッドブルズは驚異的なパフォーマンスで再度サポーターズ・シールドを獲得する。これはライト＝フィリップスにとって在籍3回目の受賞だった。DCユナイテッドを相手に記録的な100ゴール目を決め、レッドブルズは勝ち点と勝利数でMLS記録を塗り替える。MLSカップではアタランタ・ユナイテッドに敗北し、またも残念な結果に終わる。

マーシュがシーズン途中でヨーロッパに渡り、そのあとを継いだのはアシスタントコーチを務めていたクリス・アーマスだった。2019年のシーズン後にライト＝フィリップスが怪我の問題もあってチームを離れるまで、彼らは短い期間しかともに過ごしていない。しかし、彼はアーマスについて次のようにコメントしている。

「アーマスはレッドブルスタイルを継承するのに相応しい監督だと思います。彼はもう少しマーシュよりもパスを重視している印象です。少しマーシュよりものんびりした性格ですが、必要であれば監督としての権力も行使することもあります。私にとってニューヨーク・レッドブルズを離れることは悩ましい選択でした。正直、ニューヨークでキャリアを終えるという案もあったからです。ただ、レッドブルの哲学を考えれば私のようなベテランがプレーし続けるべきではないとも思いました。私はレッドブルの哲学が好きなんです」

ローター・マテウスやユーリ・ジョルカエフ、そしてティエリ・アンリがプレーしたクラブで、ライト＝フィリップスがヒーローになることを予測した人は少なかったはずだ。彼は240試合に出場して126ゴールを記録し、間違いなくクラブ史上最高のストライカーとなった。ファンにとっては最高の思い出だろう。99番はレッドブルズの永久欠番となり、人々は彼の貢献に感謝している。

「在籍期間は素晴らしい思い出に溢れています。サポーターズ・シールドの受賞や2度の得点王、ニューヨーク・シティ相手の大勝も忘れられません。正直、一つを選んでくれと言われても難しいですね。選手としては終わったと思われているかもしれませんが、まだまだプレーでチームに貢献してきたい。ニューヨーク・レッドブルズは若く、正しい方法に進んでいると確信しています。

多くの友人もプレーしていますし、彼らの活躍にも期待しています」

王国ブラジルの穏やかな革命

「私は22年間チームの会長を務めていたが、最高の瞬間だ。すべてのブラジルにあるクラブが求めていることを我々は実現した。父と死ぬ前に約束した『ブラガンチーノを死なさないでくれ』という言葉をレッドブルが現実にしてくれたんだ」

マルキーニョ・シェジドは2019年にブラジル1部に昇格した時、感情を爆発させるようにレッドブルへの感謝を述べた。クラブにとって昇格は歴史的な成功だった。彼らはレッドブルとのパートナーシップによってサポーターの熱狂を取り戻したのだ。

ブラガンチーノは伝統的に強いクラブではないが、1928年に設立された彼らにとっての小さな自慢がヴァンデルレイ・ルシェンブルゴの存在だ。名将として知られるルシェンブルゴは1989年にこのクラブを率い、のちにブラジル代表やレアル・マドリーでも監督を務める。前会長のナビ・アビ・シェジドは1958~1997年まで会長職を務め、1986~1989年まではブラジルサッカー協会の会長としても活躍している。1988年、ブラガンチーノは2部リーグで優勝。1989年には初となるトップリーグに昇格し、1990年にはグレミオ・ノボリゾンチーノを破ってカンピオナート・パウリスタ（サンパウロ州選手権）を制覇する。

しかし、黄金時代は長くは続かなかった。ナビ・アビ・シェジドが1990年代の後半にチームを離れると、息子のマルキーニョが会長に就任。しかし財政的な問題などに悩まされ、クラブは勢いを失っていく。ところが、2019年に彼らがセリエBでのシーズンを準備しているタイミングで、レッドブルが彼らの運命を一変させることになる。レッドブルがブラジルでオペレーションを開始したのは2019年よりも前のことになる。

2007年、ニューヨークとザルツブルクでのクラブ買収とリブランディングを経て、彼らは南米が若手の宝庫であり、次のクラブ買収を狙っていくべき地域だと考えていた。ブラジルは世界中にサッカー選手を輸出しており、「ブラジルの下手な選手を売るほうが上手なメキシコ人選手を売るよりも簡単だ」という表現があるほどだ。そのように世界中から注目されるブラジルの選手育成に注目し、レッドブル・ブラジルが誕生する。

しかし、ブラジルの複雑なリーグシステムが彼らを苦しめることになる。レッドブル・ブラジルは4部相当のサンパウロ州立リーグから脱出できず、セリエDは同時に施設や資源の不足という問題に直面していた。最大の理由となったのが地域に存在した2つのクラブだ。ポンチ・プレッタとグアラニが地域のサポーターを二分する存在となっており、レッドブル・ブラジルへの注目度は低かったのだ。

そのような状況を問題視したのが新たにレッドブルのグローバルな強化を統括したラルフ・ラン

グニックとポール・ミッチェルだ。彼らはブラガンチーノへの投資をスタートすると同時にブラジルのサッカークラブの運営に関心を抱くようになる。ブラジルに点在するクラブの多くはトップリーグに所属していても多くが経済的な問題を抱えている。そのような環境を考えるとレッドブルがヨーロッパやアメリカで実現してきた長期的な強化は希望に満ちているように思えた。「ビジネスマンのチーム」と批判的な記事を書くメディアもあったが、彼らは着実にチームの強化を進めていく。

残された「ブラガンチーノ」

最初にクラブにコンタクトしたのは2018年の12月で、2019年の3月には契約が完了。ヨーロッパやアメリカと違ったのはクラブの歴史を塗り替えなかったことだ。ブラガンチーノは黒のホームユニフォームと白のアウェーユニフォームを継続して使うことになり、クラブはレッドブルのロゴを追加するだけの小さな変更を求められた。そして、マルクアンシュテットがRBライプツィヒになり、メトロスターズがニューヨーク・レッドブルズになったのとは違い、ブラガンチーノという名前は残された。ブラガンチーノのサポーターはレッドブルがチームの紋章と名前を残そうと考えていたことにも敬意を示している。最終的に紋章は変更になったが、それもレッドブル色の強いものではなかった。そういった変更はサポーターにも好意的に受け入れられた。そして彼らはチームを変わらずにサポートしていくことになる。

レッドブルの目的はブラガンチーノをトップリーグに昇格させることで選手に良質な経験を積ませることだった。それはレッドブル・ブラジルで失敗していたことであり、最終的にレッドブル・ブラジルはブラガンチーノと提携して選手を鍛えるチームとなった。昇格という目標を与えられ、彼らは選手を揃えていく。コリンチャンスで130試合以上に出場し、2012年のW杯では代表にも選ばれているジュリオ・セーザルは2018年と2019年にレッドブル・ブラジルでプレー。彼はブラガンチーノに移籍すると守護神として定着する。

インテルナシオナウでプレーしたレオ・オルティスとフォルタレーザでプレーしたリガーがCBを組み、攻撃ではトリッキーなプレーを得意とするクラウジーニョ（2021年現在：ゼニト・サンクトペテルブルク所属）が攻撃を牽引する。前線でストライカーとしてプレーしたイタロはヨーロッパでのプレー経験もあり、豊富な経験を武器にする。

シーズン開幕から7試合、アントニオ・カルロス・ザーゴによって率いられたチームは首位に君臨。ASローマやシャフタール・ドネックでアシスタントコーチを務めた男はチームのサッカーを大きく変革する。特にアトレチコ・ゴイアニエンセを相手に3対0で勝利したゲームは多くのサポーターを歓喜させるものだった。ポジティブな結果で昇格へと邁進する彼らの攻撃を牽引したクラウジーニョは2部でも最高の選手として評価を高め、ファンの1番人気となった。

唯一の批判が同格のチーム相手に勝利を奪えなかったことだ。特に昇格を争った3チームを相手にブラガンチーノは最大18点となる勝ち点で「6点」を獲得しただけになってしまった。しかし、それ以外のシーズンは順風満帆だった。ブラガンチーノはリーグで最もゴールを奪ったチームとして危なげなく優勝し、昇格を決めた。2位とは7点の勝ち点差をつけており、失点もリーグ最少だった。

長期的な強化と投資

しかし、彼らにとってトップリーグへの昇格は通過点でしかない。彼らはブラジルに旋風を巻き起こすだけではなく、南米全土に影響力を持つクラブとしての成功を求めている。クラブの事務局長であるチアゴ・スクロは『Globo Esporte』の取材で次のようにコメントしている。

「3年以内にブラガンチーノはトップリーグで首位を争うチームになる。2020年は昇格という大きな壁を経験した。最初の目標は残留であり、同時に選手への投資も進めていく必要がある。毎年チームは組織的に強くならなければならず、インフラへの投資や専門家の雇用、テクノロジーの導入も進めていかなければならない。クラブの急速な成長を支えるにはそのような施策が不可欠だ」

トップリーグへの挑戦を目前にしたブラガンチーノは移籍市場に125万レアル（約1900万ユーロを投下。これはブラジルと南米王者の2冠を達成したフラメンゴと名門パウメイラスに続く大金だ。ちなみにフラメンゴは4700万ユーロ、パウメイラスは2100万ユーロ）。

そして2020年の移籍市場では若い才能に積極的に投資するレッドブル流の補強戦略が火を吹くことになる。クラブ最高額の移籍金は21歳のストライカーであるアルトゥールだ。彼はパウメイラスからの補強となり、他にもアトレチコ・ミネイロからクレイトン（22歳）とアレランドロ（21歳）の2人を獲得している。

また、ブラガンチーノはブラジルの名門グレミオからも2人を補強。DFのトニー・アンデルソン（22歳）と中盤のウェベルトン（20歳）だ。彼らが移籍市場で獲得した選手の平均年齢は23・5歳となり、ブラジル国内でも育成を得意とするクラブからの補強を狙っていた。同時にレッドブルは彼らのグローバルなコネクションを活用。ルアン・カンジドはパウメイラスでプロデビューする前にRBライプツィヒによって獲得され、そこからブラガンチーノに貸し出されている。彼らは期待の若手にヨーロッパのサッカーと環境を経験させ、ブラジルにレンタルすることでプレー機会を確保したのだ。特にレッドブルグループにとってニューヨークとブラジルの若手選手への期待は大きい。

選手への投資だけでなく、スタジアムの再建も計画されている。現状のスタジアムを刷新し、2万人を収容する現代的なスタジアムにする計画も進んでいるのだ。今のスタジアムであるエスタディオ・ナビ・アビ・シェジドは「Nabizao」という名前で親しまれているが、古く安全性にも課題が残っている。実際にブラガンチーノをレッドブルが買収したことでサポーター数は増加の一途。彼らはセリエBでは4番目となる観客動員数を誇り（1試合平均6207人）、さらにそのサポーター数を増やそうとしている。それには十分な駐車場と適切なサービスを提供するモダンなスタジアムが不可欠だ。

また、トレーニング施設にも投資を検討している。彼らは街の中心から50キロほど離れたトレーニンググラウンドを使用していたが、地理的な利便性に加えて8面のピッチを備えた新しいトレーニング施設はクラブの強化を助けるものになるはずだ。これはレッドブルの買収からサポーターが望んでいたことだ。短期的な強化はブラガンチーノにとっては重要ではなく、彼らは長期的な強化と投資を望んでいたのだ。施設や設備への投資は結果的にファンとローカルコミュニティにとってプラスとなり、選手の獲得にも有利に働く。

また、レッドブルはブラガンチーノの女子チームにも積極的な投資をスタートしている。ユース世代では名指導者として知られていたカミーラ・オーランドをトップチームの監督に抜擢し、女子チームの強化にも成功しているのだ。こういった積極的な投資は地方自治体にもサポートされている。

ブラジルでは「ドリンクを売らない」

ブラガンチーノが所属するブラガンサ・パウリスタ地域の副市長を務めるアマウリ・ソドレ氏はホテル産業や外食産業、ガソリンスタンドなどでの消費が増えていることをポジティブな現象だと考えている。彼はブラガンチーノとレッドブルのプロジェクトが地方経済を発展させることに期待しているのだ。

「ファンの熱狂は圧倒的で、彼らは大きな期待を抱いている。しかし、常に私たちは出発点を忘れてはならない。この街とファンはクラブにとっても大切な存在だ」

昇格を祝うサポーター数百人が街に溢れ、昇格を記念したレッドブルのTシャツが品切れになったように地元の人々はブラガンチーノを愛している。もう一つのポジティブなポイントはレッドブル・ブラジルという提携クラブの存在だ。彼らはブラガンチーノの選手を慣れさせるだけではなく、ユース世代でも結果を残している。若手選手にとってレッドブルの哲学を経験するには最適な場所となっているのだ。U‐23チームはサンパウロ州でプレーしており、様々な大会に出場することで選手に経験を積ませることが可能だ。

一つの問題は指揮官ザーゴが鹿島アントラーズに加入したことだ。後釜に指名されたフェリペ・コンセイサンはボタフォゴやアメリカ・ミネイロでの指揮経験があったが、2020年9月にはマウリシオ・バルビエリと交代している。指導者の交代はあったが、将来の展望は明るい。ブラジルリーグが抱える課題として、選手が若い年齢で流出し、監督も簡単に交代してしまうことが挙げられる。経済的に問題を抱えているクラブも多く、ヨーロッパとカレンダーが違っていることでシーズン中に主力が流出してしまうことが中長期的な強化を難しくしている。そういった問題に対し、ブラガンチーノとレッドブルは成功のモデルケースを提示しようとしている。

「レッドブルは期待を実現する組織だ。我々にとってフォーミュラ1チームの目標は『レースでの勝利』であり、サッカークラブの目標は『リーグの優勝』だ。我々は彼らの力に期待しており、最終的にはブランド力が向上していくはずだ。人々はブランドと健康的な関係性を築き、勝利して喜びを感じることになる。ブラガンチーノが勝てば多くの人がブランドに魅了されるはずだ。そして、これはレッドブルというドリンクとスポーツチームの理想的な関係だと思う。我々は単にドリンクとチームをリンクさせるのではなく、強く魅力的なブラガンチーノというブランドを確立させたいのだ。そして感情を揺さぶることがレッドブルにとって他の投資企業とは異なるスポーツへのアプローチなのだ」（チアゴ・スクロ）

スクロが強調するようにレッドブルはブラジルで無理にドリンクを売ることを目指してはいない。

彼らはブラガンチーノを純粋に強化し、サッカーの母国に新たな風を吹かせようとしているのだ。

アフリカ大陸のスカウティング網

2014年の1月18日、バイエルン・ミュンヘンはレッドブル・アリーナでロジャー・シュミット率いるレッドブル・ザルツブルクとフレンドリーマッチを行った。ヨーロッパ王者であり、ペップ・グアルディオラが監督を務めていた当時のバイエルンはヨーロッパでもトップクラスのチームであり、練習試合はシーズン途中のウォーミングアップとなる予定だった。しかし、オーストリアの強豪は野心に溢れており、バイエルン相手に自分たちの能力を示そうと考えていた。マヌエル・ノイアーやトニ・クロース、チアゴ・アルカンタラやトーマス・ミュラーのようなトップ選手を揃えたバイエルンと比べると、当時サディオ・マネはまだまだ知られていない選手だった。

しかし、このセネガル人FWは印象的なパフォーマンスでチームのMVPとなる。彼は先制点を決め、2点目の起点となるPKを獲得。3点目の起点となるチャンスを創出すると、後半にはヘディングがポストに直撃。83分間のプレーでバイエルンの経験豊富なバックラインを容赦なく崩壊させた。バイエルンを観戦していたスカウトですら夢中にさせてしまう21歳の若者はヨーロッパの強豪にも着目される選手に成長していく。リバプールやドルトムントが彼に興味を示し、グアルディオラも練習試合の半年後にはバイエルンのフロントにマネ獲得を進言していた。

プレミアリーグを新たな挑戦の舞台に選んだマネが最初に移籍したのはサウサンプトンだった。ロナルド・クーマンが再建を目指していた時期にクラブに加入したマネはチームで主力に定着する。2016年にはリバプールに移籍し、そこではチャンピオンズリーグを制覇。アフリカ最優秀選手にも選出され、バロンドール授賞式でも4位という好成績に輝いた。

彼の成功において転機となったのがザルツブルクだろう。レッドブルがザルツブルクを買収してから今までの歴史を考えても最高の補強になったマネは、当時2部から降格することが決定していたフランスのメッツに所属していた。彼らはマネのポテンシャルを3部リーグでは発揮させられないと考えており、そこにラングニックによって改革をスタートしたザルツブルクが接触する。スカウトは数カ月マネを視察し、最後はラングニックが自ら補強を決断する。

ラングニックは『The Athletic』の取材に次のようにコメントしている。

「私は2012年のリーグカップでトゥールとの試合を視察していた。サディオの活躍は印象的でメッツとの交渉ではそれが我々にとってはマイナスになった。メッツの会長は強気で、400万ユーロじゃないとサディオを手放さないと主張したんだ。3部の選手を獲得することを考えれば破格すぎる移籍金だったよ」

そして、ラングニックの勘は補強を大成功させる。マネは87試合で45ゴールを記録し、最終シーズンにはリーグとカップの2冠に貢献する。そして当時の5倍近い移籍金で売却され、チームに莫大な利益をもたらしたのだ。そして、レッドブルグループはフランスとアフリカという才能の宝庫に着目するようになる。移籍前の2カ月、マネがチームメイトとしてプレーしたナビ・ケイタも同様に降格したクラブからの掘り出し物だった。

当時グローバルな移籍戦略を担当していたジェラール・ウリエはフランスの市場に詳しく、若い選手たちの獲得ルートを切り開いた。ギニア代表のナビ・ケイタも驚くべき才能の持ち主であり、オーストリアで成長するとRBライプツィヒに移籍。そこでもトップレベルの選手としてヨーロッパに名を轟かせると2018-19シーズン開幕前にリバプールが6000万ユーロで彼を獲得した。レッドブルにとってこれらの成功はアフリカのポテンシャルを再認識させるきっかけになった。2人はフランスのクラブから獲得したが、もともとアフリカで育成されてきたプレーヤーたちだ。レッドブルは彼らの源流であるアフリカにはフィジカル面でレッドブルの求めるスタイルに適合し、クラブに多額の移籍金を残せる才能の卵が溢れていると考えたのだ。

近年、レッドブルのスカウトはガーナやマリ、コートジボワールで選手を視察している。また、元フランス代表監督ジャン・マルク・ギロウの名前を冠するJMGアカデミーも育成に定評があるアカデミーだ。彼らはアルジェリアやエジプト、マダガスカルに拠点を置いている。アマドゥ・ハイダラやモハメド・カマラはこのアカデミー出身だ。「Yeelen Olympique」というマリ国内では最高のアカデミーともレッドブルは連携している。

レッドブルが注力するザンビア

レッドブルが注力するもう一つの国がザンビアだ。2012年にはアフリカネーションズカップを制したザンビアからザルツブルクは現在2人の選手を獲得している。パトソン・ダカとエノック・ムウェプは2017年にチームに加わったが、もともとはザンビアの首都であるルサカを本拠地にするカフエ・セルティックでプレーしていた。

2002年に設立されたクラブは育成力を高く評価されており、ストフィラ・スンズ、ケネディ・ムウェーネ、ネイザン・シンカラ、ジャクソン・ムワンザはそこの卒業生だ。レッドブルとアフリカの強い結び付きは「12マネジメント」によって後押しされている。トッテナムやセビージャでプレーしたことのあるフレデリック・カヌーテが経営するコンサルティング企業は、アフリカの若手を発掘しながら移籍の仲介まで広い範囲で補強に関与している。

ザンビアの名門でスポークスマンを務めるベンジャミン・シワレは次のようにコメントしている。

「アフリカの若手選手が共通して評価される一つのポイントはそのハングリー精神と集中力です。ヨーロッパではサッカーを楽しむという意識も強いですが、なかなかそのメンタルでは成長することは難しく、やはり上を目指し続けることが最大のポイントになります。カヌーテは定期的にダカとムウェプを視察していましたが、サッカーを生活におけるすべてと考えている2人の姿には感銘を受けたようでした。メンタル的に準備万端の選手こそ我々が育てるべき選手なのです」

カヌーテは代理人企業としてマリ国内で育ったセク・コイタやユーバ・ディアラをレッドブルグループへ加入させていた。そんな彼もザンビアの急激なレベルアップに着目した一人だ。シワレはカヌーテについて下記のように答えている。

「カヌーテはヨーロッパの基準を教えてくれる存在であり、ザンビアのサッカーが発展することに寄与してくれています。ザンビアからトップクラブへと選手を輩出することで、我々ザンビアがこれまで以上に人々に知られることになるはずです。過去の歴史を読み解けば、そのザンビアでも我々のクラブが多くの有名選手を輩出してきたことに気付くでしょう。今もエノックの弟であるフランシスコ・ムウェプやマリ出身のアラサン・ディアワラ、ジンバブエのネイマールと呼ばれるトニー・ムンディアのような若手がチャンスを待っています」

エノック・ムウェプは2017年のU‐20W杯で注目に値するパフォーマンスを見せた。U‐20アフリカネーションズカップで優勝した数カ月後、彼はその効率的なプレーと賢さから「コンピューター」という異名で知られることになる。ザンビアU‐20代表はイタリアに0対2で敗れたが、彼は大会で2ゴールを記録。この大会から2週間後にザルツブルクへの移籍が決まる。

常に謙虚で集中し、サッカーを第一に生活してきたムウェプを育んだのがキリスト教を信教する家族だ。両親は厳しくあるべき姿を教え、それが彼のメンタリティを作ってきたのだ。彼はトレーニングに真摯に取り組み、成長を続けてきた。

シワレは彼のことを次のように振り返っている。

「面白い話があるとすれば、ザルツブルクに移籍したタイミングで彼は車を買ったんです。彼の兄が自分の車を買うまでは運転の勉強はしなかったと頻繁に彼に言っていたので、彼も同じように試行錯誤しながら運転を学びました。その経験をもとに彼はチームメイトに『誰かに言われたから自分はできると考えてはならない。自分ができるかどうかだけが人生を決めるんだ』と伝えていました」

ダカはザンビア代表にも選ばれたが、クラブレベルでの成功も印象的だ。2017年にはUEFAユースリーグの優勝メンバーとなり、決勝では途中出場で値千金の同点ゴールを記録。リーフェリングで経験を積みながらヨーロッパのサッカーに慣れると、2019-20シーズンにはジェシー・マーシュのチームで出番を得るようになる。

2020年の1月にボルシア・ドルトムントにハーランドが移籍すると、ダカはその後継としてストライカーのポジションに定着。プレッシャーを楽しみながら彼はその実力を発揮し、2019

-20シーズンにはトータルで27ゴールを記録する。24ゴールは国内リーグでの得点であり、リーグでは得点ランキング2位。ヨーロッパでも指折りの若手ストライカーとしてその名を轟かせた。

シワレはダカの成功について次のようにコメントしている。

「彼らはトレーニングに集中しており、成長を続けています。自分たちの活躍が多くの若者にとって刺激になることを理解しているんだと思います。ダカは統計データで見ればヨーロッパでも最高のストライカーの一人になっています。（2020年3月当時）ヨーロッパのトップリーグを比較した記事でも彼は高く評価されており、移籍の噂も絶えません。ハーランドと同様に彼はヨーロッパ屈指のストライカーになるでしょう」

新しいアヤックス

ザルツブルクの広いスカウティングネットワークは、ヨーロッパ屈指の多様性がある若手中心のチームを構成していることを可能にしている。2019年9月、チャンピオンズリーグのリバプール戦ではスターティングメンバーの4人がオーストリア人、2人がザンビア人、デンマーク、カメルーン、ハンガリー、日本、韓国から一人ずつが選ばれた。ベンチにはガーナ、マリ、ブラジル、スイス、ノルウェー、日本、オーストリアの選手が名を連ねた。このような多様性のあるザルツブルクのアプローチは特にアフリカにとってポジティブだ。シワレはザルツブルクを次のように賞賛している。

「ザルツブルクのアプローチは我々アフリカのクラブにとっても喜ばしいものです。なぜなら、今まで多くのアフリカ出身選手がヨーロッパで失敗してきたからです。彼らは能力がある一方で適応に苦しむことが少なくありませんでした。ザルツブルクによって若い時期に適応するチャンスを与えられれば彼らには成功が待っています。ザルツブルクは若い選手を獲得し、24～25歳のタイミングで強豪クラブに売却しています。若い選手を獲得する強みとして彼らにサッカーを教えることが容易いという点もあります。ザルツブルクは若手を育成することで成功しているという意味では新しいアヤックスのようです。彼らはヨーロッパの大会でも存在感を放っており、2019‐20シーズンはプレシーズンにチェルシーやレアル・マドリーとも対戦しました。チャンピオンズリーグのリバプール戦では若い選手が躍動していました。ケイタやダカ、ムウェプの頑張っている姿を見られたのはうれしかったですよ。彼らは指導者のレベルを高めることで、選手たちのポテンシャルを最大限に引き出しています」

短期的な目線で言えばダカとムウェプの目標はザルツブルクでの成功だ。しかし、その先にはヨーロッパの強豪クラブへの移籍と代表チームでの未来を見据えている。

シワレは次のようにコメントしている。

「周知の事実ですが、リバプールはレッドブルグループの選手を積極的に視察しています。エノック・ムウェプは熱狂的なリバプールサポーターなので、彼がリバプールでいつかプレーする姿を見てみたいとは思っていますね。それはもちろん狙って叶えられる夢ではないけれど、選手たちは日々のトレーニングとゲームで全力を尽くすことでその価値を強豪クラブにアピールしています。ダカは見事にハーランドの穴を埋め、若手のアフリカ出身アタッカーには規律の面で課題があるというイメージを払拭してくれました」

ラングニックのファーストシーズンとなった2012-13シーズンから、レッドブル傘下では19人のアフリカ人プレーヤーがプレーしてきた。その内訳は5人がマリ、2人がザンビアで2人がナイジェリア。そして、セネガル、ベナン、ギニア、カメルーン、コートジボワールからそれぞれ1人だ。アフリカでのスカウティングは加熱の一途を辿っており、レッドブルグループからはさらに逸材が巣立っていくはずだ。

2章　グローバル展開するレッドブルブランド

「国境なき」レッドブルグループ

オーストリア、アメリカ、ドイツ、ブラジル、アフリカ……彼らのグローバルなオペレーションはメディアにとっても注目すべきものだ。頻繁に次の投資先となるクラブや地域が予想され、実際に報道となることも珍しくはない。これまで紹介してきたようにレッドブルのアプローチはシンプルだ。彼らはリーグの強豪ではないクラブを買収し、投資と長期的な計画で強化していく。ザルツブルクとライプツィヒの成功を繰り返そうとするレッドブルは多くのクラブに接触してきた。しかし、多くのサポーターはレッドブルの急進的なアプローチに反発し、クラブの歴史とアイデンティティを重視していきた。

例えばデンマークの強豪として知られるブレンビーは10度のリーグ優勝を誇る名門だ。2020年初頭にはブレンビーとレッドブルの接触が報じられるようになる。2005年を最後にリーグ優勝から遠ざかっている名門はコペンハーゲンやミッティランに差をつけられていた。しかし、ファンは55年続いてきたクラブの歴史を守ることを選択する。噂が広がるとサポーターは現地紙『コペンハーゲン・ポスト』で自分たちの立場について次々にコメントした。

「我々はレッドブル化に強く反対する。もしレッドブルがブレンビーを買収したら、我々はファンであることを諦めるだろう。彼らはザルツブルクとライプツィヒでのアプローチと同様に、愛するクラブをビジネスの道具に変えてしまう。ロゴやチームカラー、スタジアムの名前、すべてがレッドブル色に染められてしまうんだ！　自分の愛するクラブを殺すことを我々は許さない」

運命を変えようと大金を払ったサポーターもいた。ある男は30万円を払って135枚の宝くじを購入し、一攫千金を狙った。彼は宝くじを当てればクラブのオーナーになれると考えたのだ。最終的に彼が宝くじを当てることはなかったが、ファンの反対はレッドブルからのアプローチを退ける結果になる。

ポルトガルのクラブであるアベスにもレッドブルは興味を示しており、彼らはリーグ下位が定位置になっているクラブだ。2018年にはスポルティングを倒してカップ戦で歴史的な優勝を果たしたが、規模の小さいクラブなのは間違いない。ベルナルド・シウバやブルーノ・フェルナンデス、ジョアン・フェリックスのような選手たちはヨーロッパのトップクラブで活躍しており、彼らのように多くの優秀な選手を輩出するポルトガルはレッドブルグループにとって魅力的だ。偶然にも「アベス」は「鳥」という意味であり、翼を連想させるという点ではレッドブルのマーケティング的にも都合が悪くない。

また、イングランドというマーケットも魅力的だ。彼らはプレミアリーグへの昇格という経済的な魅力だけでなく、若手の育成でも結果を残している。しかし、ディートリヒ・マテシッツはイングランドでのクラブ買収には懐疑的だ。特に課題となっているのが、UEFAのFFP（ファイナンシャル・フェアプレー）である。

同様にラングニックも、その難しさについて下記のようにコメントしている。

「拡大していくことを考えれば、イングランドの下部リーグにクラブを持つことは合理的だ。3部リーグのクラブ、例えばサンダーランドやMKドンズが最適なのではないだろうか。しかし、国境を越えたビジネスはUEFAのルールに抵触する可能性がある。そうなると難しいかもしれない」

レッドブル・ガーナの失敗

レッドブルは過去、アフリカでの拡大を目指していた時期もある。彼らは2008年にレッドブル・ガーナを設立しており、ガーナから優秀な若手をヨーロッパに供給するルートを作ろうとしたのだ。ガーナは若手選手の宝庫として知られ、当時はアフリカ大陸における拠点として最適だと考えられていた。ガーナは2006年のW杯ではアフリカを代表する結果を残し、2008年と2010年にはアフリカネーションズカップでも上位となった。しかし、レッドブルはザルツブルクやニューヨーク、ライプツィヒでの成功をガーナで再現することはできなかった。設立から6年間という短期間でレッドブル・ガーナは解体されることになったのだ。

失敗の要因は多いが、一つが金銭的な援助が少なかったことだ。それに加えて、選手たちの期待に応えられなかったことも問題だった。ガーナの選手たちは海外での成功を夢見るが、競争は激しい。レッドブル・ガーナはキャリアパスを用意することに失敗し、選手たちはストレスを溜めることになってしまった。残念ながら派遣されたスタッフも地元の環境に適応することに苦しみ、ガーナでの挑戦は失敗に終わってしまう。ポジティブな結果にはならなかったが、インフラ面での投資はガーナの人々を喜ばせた。

同時にレッドブルグループから派遣された指導者はヨーロッパでの経験があり、彼らは苦しみながらも選手育成に寄与した。クラブは消滅したが転んでもただでは起きないレッドブルグループは一部のオペレーションを継続。レッドブル・ガーナが整備した数面の人工芝ピッチと1面の天然芝ピッチに加え、教育センターを併設するソガコペ地域の拠点を、彼らは西アフリカフットボールアカデミー・スポーツクラブ（WAFA SC）に譲渡したのだ。もともとはオランダの強豪フェイエノールトが地元のWAFA SCとスタートしたアカデミーだが、彼らはガーナで成功してきた名門だ。そして、このコネクションはレッドブルにとっても大きかった。WAFAはヨーロッパで活躍する選手を育てるエリートコースを用意しており、彼らがレッドブルグループに選手を供給したのだ。

好例となったのがギデオン・メンサーで、彼は2016年にWAFAからレッドブル・ザルツブルクに移籍。ヨーロッパのクラブでローンを繰り返しながら、若きSBはヨーロッパに適合している。彼は現在フランスリーグのボルドーにローン中だ。サミュエル・テッテもザルツブルクに加入し、ローン先のLASKで存在感を示した。マジード・アシメル（2021年現在：アンデルレヒト所属）もWAFAの卒業生で、彼はザルツブルクでジェシー・マーシュ時代に出場機会を得ている。計画通りには進まなかったが、レッドブルはガーナでのオペレーションから多くのことを学んでいる。

CFGとの共通点

レッドブルと同じようにその資金力でネットワークを築いているのがマンチェスター・シティ・グループ（CFG）だろう。アブダビの資金力をバックにCFGは2008年にマンチェスター・シティを買収。投資によってマンチェスター・シティをプレミアリーグのトップチームへと変貌させると、複数のクラブをネットワークに追加していく。

- メルボルン・シティ（オーストラリア）

- 横浜F・マリノス（日本）
- モンテビデオ・シティ・トルケ（ウルグアイ）
- ジローナ（スペイン）
- 四川九牛（中国）
- ムンバイ・シティ（インド）
- ロンメル（ベルギー）

彼らはグローバルに勢力を広げており、レッドブルとCFGはグループとしては世界トッププレベルだ。そして、その代理戦争の舞台となっているのがMLSだ。ニューヨーク・シティとニューヨーク・レッドブルズのゲームは「ハドソン川ダービー」と呼ばれており、ライバル関係で知られている。ニューヨーク・シティはマンチェスター・シティと同じように水色のユニフォームで知られ、資金力で多くのトッププレーヤーを獲得してきた。2015年に20番目のクラブとしてMLSに加入した彼らは、即座に積極的な補強でダビド・ビジャ、フランク・ランパード、アンドレア・ピルロのようなレジェンドを次々と獲得していく。厳密に言えばレッドブルズのホームはニューヨークではない。彼らはニュージャージー州にスタジアムを建設しているので、本来ニューヨークを本拠地とするクラブはニューヨーク・シティのみとなっている。

しかし、ニューヨーク・シティにとって悩みの種になっているのがスタジアム問題だ。彼らはサッカー専用スタジアムを保有しておらず、今のところはニューヨーク・ヤンキースのスタジアムを借りる状況が続いている。そこが使えない場合はニューヨーク・メッツのスタジアムを借りており、どちらにしても野球場を使わなければならないのだ。野球場を間借りするスタジアムだと様々な問題が発生してしまうこともあり、彼らも当然スタジアムの建設計画を進めている。ただ、ニューヨークの地価と限られたスペースを考えると候補地を見つけることは簡単ではない。彼らはブロンクス区でのスタジアム建設を目指しているが、しばらくの我慢は続きそうだ。

特にニューヨーク・シティのサポーターを苛立たせたのは、CONCACAFチャンピオンズリーグのゲームだった。コスタリカのサン・カルロスとのゲームで2つの野球場が借りられず、最終的にライバルのスタジアムを借りなければならないという屈辱を味わったのだ。彼らのライバル関係は歴史の浅いものだが、それでも特にレッドブル買収後にチームのファンになった若い層はニューヨーク・シティを最大のライバルだと考えている。ピッチ上でもそのゲームは壮絶だ。レベルアップしたMLSを象徴する2つのクラブはこれまで激戦を繰り返してきた。

最初のゲームは2015年の5月で、レッドブル・アリーナでブラッドリー・ライト＝フィリップスが2得点を記録。2対1で勝利したゲームはニューヨークを二分し、多くのサポーターがゲームを盛り上げていた。完成度で上回るレッドブルズはそこから3連勝し、特に2016年の5月は7対0で大勝。屈辱を味わってきたニューヨーク・シティだが、数カ月後にはジャック・ハリソンとダビド・ビジャのゴールでダービーでの初勝利を記録する。

しかし、その力関係を覆すのは簡単ではない。レッドブルズはアウェーゲームでもニューヨーク・シティを圧倒することが多く、彼らのライバル関係はこれからも盛り上がっていくはずだ。

レッドブルとCFGは多くの共通点を持っており、CFGはレッドブルよりも広い範囲にクラブを保有している。しかし、CFGよりもグループのネットワークを活かした戦略が洗練されているのはレッドブルの強みだろう。この2つのグループはこれからのモデルケースになるはずだ。

クラウディオ・レイナは偶然にも2つのグループを経験した珍しい存在だ。彼はレッドブルグループで選手としてプレーし、ニューヨーク・シティのSDを務めている。彼によればグループに所属するメリットは明確だという。

「フロントにとって最も大きいのがフィードバックだ。我々はスカウティングや戦略、スポーツ科学などについて、グループの他クラブから情報を容易に集めることが可能だ。実際に訪問することも可能だし、電話やメールでの情報収集もOKなので情報をシェアしやすい。これは我々にとって非常に役立っている」

3章　レッドブルのエクストリームな戦略

レッドブルグループの育成革新

ボーフムで2017年に開催された60回目の国際指導者カンファレンスでラルフ・ラングニックはクラブにおける若手の重要性についてスピーチした。ドイツで実績のある指導者を揃えたカンファレンスへの登壇は数回目だったが、ラングニックは若手選手にチャンスを与えるイデオロギーを明快に説明した。その中でも特に印象的だったのが次のポイントだ。

- 若い選手は怪我が少なく、回復のスピードにも優れている
- 若い選手は新しい戦術的なコンセプトを吸収しやすく、それを実践しやすい
- 若い選手はモチベーションが高く、成長へのハングリー精神を持っている。ベテラン選手は自分の地位を守ろうとすることが多く、自分の最盛期を追い求めてしまうことが多い
- 若い選手は認知能力と幅においてベテラン選手よりも優れている
- 若い選手は外部（チームメイト、両親、代理人、指導者）の影響を受けやすく、社会性を身につけやすい

・若い選手は移籍マーケットで値上がりする可能性が高い

特にラングニックが語った内容は若い選手とベテラン選手の精神面・認知能力の差だった。例えば、メディアが自分やチームメイトを批判した時、それが間違っていることを証明しようとする力やプレー哲学を理解する力だ。45分間のスピーチでラングニックは若手を中心としたプランが優れていることを主張した。彼はレッドブルの経済力という後押しで、世界中のアカデミーとスカウティングネットワークを使いながら自らの理想を実現したのだ。

アメリカ：ニューヨーク

2006年に設立されたニューヨーク・レッドブルズのアカデミーは、アメリカでは初となる「無償での育成」を提供するアカデミーとなった。特に彼らは優れた選手の発掘と育成に定評があり、アメリカ屈指の育成力を誇っていた。実際、その育成能力は彼らが輩出した選手を調べてみれば明白である。ニュージャージー州はアメリカにおいて多くの代表選手を輩出してきたサッカーが盛んな地域として知られ、レッドブルの投資前から彼らは地域のスターを育ててきた。アメリカ代表の守護神として活躍したティム・ハワード、強靭なフィジカルで前線での存在感を放ったジョジー・アルティドール、献身的なプレーでチームを牽引したマイケル・ブラッドリーは同じアカデミーの出身者だ。

アカデミーの思想と哲学はレッドブルズにも受け継がれていく。彼らのアカデミーが追い求めるモデルはコーチによっても変わっていくが、ベースとなっているのはアグレッシブでダイレクトプレーを好み、インテンシティの高いプレッシングをベースにしたスタイルだ。そして、アカデミーでプレッシングサッカーを学んだ若者たちがトップチームへ昇格していく。タレントを探す時、レッドブルズはフィジカルとテクニックだけでなく、精神力の強さとアグレッシブなプレーへの適応性を判断していく。

アカデミーの施設はMLSにおいてもライバルを圧倒しており、コーチングスタッフと育成理論が選手のポテンシャルを最大限に引き出していく。クラブはアカデミーだけではなく、グラスルーツのレベルでも積極的にトライステートエリア（ニューヨーク、ニュージャージー、コネチカット、ペンシルバニアの北東）のサッカーを盛り上げようとしている。グラスルーツのレベルで才能を認められた若者はクラブの地域代表に選抜される。そして、そこに選抜された選手はハイレベルなトレーニングの機会を与えられると同時に、プレアカデミーやアカデミーに加入するチャンスを得ることになる。

傑出した経済力に支えられたレッドブルズのアカデミーはアメリカでも有数のアカデミー・プ

ログラムとして評価されている。2015年、ニューヨーク・レッドブルズⅡが設立される。このチームは「ベイビー・ブルズ」と呼ばれており、レッドブルズのリザーブチームだ。このチームが設立された目的はアカデミーとファーストチームのギャップを埋めることだった。チームはレッドブルズのアカデミー出身者や国内の若手タレントにプレー機会を確保しながら、現在アメリカ2部に所属している。

また、ファーストチームの選手にとっても怪我から回復してフィットネスを調整する必要がある時期に2部リーグで調整することにはメリットがある。フロリアン・バロットはこのチームが存在するメリットを体現する存在だ。フランス人MFは母国のPSGユースで育ち、ASモナコのリザーブチームでもプレーした。ニュージャージー州のライダー大学にスポーツ特待生として入学すると2016年に彼はリザーブチームのトライアルに参加し、ファーストチームの契約を勝ち取ることに成功する。

ラングニックの理想像アダムス

2016年、USLチャンピオンシップで優勝したレッドブルズⅡのパフォーマンスはアカデミーの強さを示していた。チームはアカデミー出身者を中心に組織されており、プレーオフでも素晴らしい結果を残した。バロットがニューヨークでの選手育成における一つのモデルだとすれば、タイラー・アダムスはレッドブルグループにおける最高の成功例となった。彼は2016年のUSL優勝メンバーであり、2011年にアカデミーに加入すると様々な年代で中心選手として活躍。2017年にはトップチームに昇格するとMLSにも定着し、2019年1月にはレッドブルグループのRBライプツィヒに移籍する。当時RBライプツィヒでSDと監督を兼任していたラングニックは「我々はアダムスの成長に注目していた。19歳でニューヨーク・レッドブルズの主力となり、アメリカ代表でもデビュー。彼は中盤の重要なオプションとなり、ブンデスリーガという新しい舞台に挑むことになるだろう」とコメントしている。

アダムスはレッドブルとラングニックが描いた理想像だ。彼はレッドブルの哲学で育てられ、ヨーロッパのトップリーグにステップアップ。同時にレッドブルズのファーストチームでもアカデミー出身者が存在感を放っている。

現在チームでキャプテンを務めるショーン・デイビスはニュージャージー州の出身で、2020年シーズンには地元出身でキャプテンとなった初めての選手となった。それに加えて、ブライアン・ホワイト、アレックス・ミュイル、クリス・レマ、カイル・ダンカンのようにアカデミーで活躍した若手選手たちがファーストチームで活躍している。アカデミーのファーストチームへの貢献は絶大で、MLSに所属する多くのクラブがその成功を模倣しようとしている。FCダラス、フィラデルフィア・ユニオン、シアトル・サウンダーズはアカデミーに積極的な投資を続けているが、未だにレッドブルズのブランドは絶大だ。

ＭＬＳのクラブでは未だに貴重な例である「ヨーロッパへの出世」を成し遂げたタイラー・アダムスのようなキャリアを夢見る若き才能がレッドブルズに集まっている。18歳のＤＦジョン・トルキンはファーストチームでも抜擢されているが、中盤でのプレーにも適応する。２００４年生まれのダントウマ・トゥーレはU‐19チームで存在感を放つストライカーで、同い年のケニー・ホットも飛躍のチャンスを待っている。難しいコロナ禍を経験しながらも、若き才能は着々と成長を遂げている。

オーストリア：ザルツブルク

２０１４年、レッドブルはザルツブルクにエリートアカデミーを設立する。彼らは経済力をベースにヨーロッパのトップクラブと遜色のない設備を整えた。このアカデミーは21カ月という長い期間をかけて建設され、７つのピッチ（１つの屋内ピッチ）を備えている。４００人の若手選手（２００人がサッカー、２００人がホッケー）が所属しており、ジムやコーディネーション設備、ビデオ分析の部屋やマッサージルームのような最新の設備が用意されている。東アルプスの美しい景観でも知られる地域は、近年レッドブルのグローバルなプロジェクトを支える拠点としてオーストリアの若手選手を集め、多くの才能を育てることに成功している。

普通に考えれば、15万人程度の人口しかいないザルツブルクが育成で成功することは簡単ではない。例えばオーストリアの首都であるウィーンの人口はザルツブルクの約11倍だ。しかし、彼らはヨーロッパでもトップレベルのアカデミーとして評価されている。レッドブルの組織力は最先端のテクノロジーでザルツブルクのアカデミーをサポートしている。

例えば、360度で選手の認知能力とテクニックを鍛える「Soccerbot」という設備がある。試合に近い状況を作り、選手の認知能力を科学的に測定することも可能だ。ラングニックが指導者としてのキャリアで続けてきたように、レッドブルグループは最先端の技術を好んでいる。そして、それはアカデミーでも変わらない。

もう一つ面白いのが体重の80%となる負荷を除外する反重力のランニング施設だ。また、選手の位置を正確にデータとして測定し、生体情報も分析可能なローカル・ポジショニング測定装置（LPW）や、選手の認知能力や記憶力を向上させるゲームのような「Intelli Gym」というシステムもある。特にアカデミーは仮想現実を使った設備に興味を持っている。

アカデミーは当然、選手の身体能力やコーディネーションスキルを高めることも求められている。方向の変化やターン、ジャンプなどは基礎となっている。若いアスリートたちは「運動公園」

と呼ばれるエリアで様々な動きを経験していく。そこにはバランスやスタミナ、器用さやスピードを鍛えるエクササイズが多く用意されており、指導者はビデオとデータ分析を組み合わせながら選手の育成方針を決定していくのだ。

規律はアカデミーにおいて重要視される一つのポイントだ。選手たちは部屋で余暇にテレビを見ることは許されていない。年齢によっては自ら購入することが可能だが、テレビのサイズも40インチ以下と決められている。夜10時以降にインターネットを使用することは禁止されており、共有エリアで携帯電話を使用することや着帽は禁止されている。こういった厳しいルールの設定が選手たちがプレーに集中することを助けている。

また、彼らは教育も選手たちの育成において不可欠だと考えている。彼らのスローガンは「51%の学校教育と49%のスポーツ」だ。ザルツブルクはアカデミーにおいてプロスポーツ選手としての成功だけが正解だとは考えていない。彼らは選手たちに多くの道を用意したいと考えているのだ。ザルツブルクのアカデミーでは100人近いスタッフがサッカーやアイスホッケーのトレーニングには関与していない。彼らは若い選手のメンタル面をサポートし、フィジカル面や感情面を整えることを求められている。アカデミーにはイノベーション部門もあればパフォーマンス部門もあり、教育者や心理学者も雇用されている。

求められる高い認知能力

同時にザルツブルクは複数の教育施設とも連携している。例えばクリスティアン・ドップラー・ギムナジウムという高等学校の時間割は、選手のトレーニングスケジュールと連動している。特にアカデミーが評価されている一つの要素が主とするトレーニングと補助的なメニューの組み合わせだ。レッドブルは同時にグローバルなネットワークをアカデミーでも活用している。彼らはブラジル、ガーナ、アメリカに提携するクラブがあるという強みを育成年代でも最大限に使っていくのだ。FIFAのレギュレーションによって若手の移籍には制限もあるが、レッドブルグループは選手の家族と「感情的に結び付いているイメージ」を共有することで、彼らの子どもがどのようにプロ選手への道を歩んでいくのかということを明確にしていく。

ザルツブルクのトップチームでプレーしているCBのアンドレ・ラマーリョはレッドブルネットワークが育てた選手だ。彼はレッドブル・ブラジルでキャリアをスタートし、2011年に19歳でオーストリアに移住。彼は結果的にレバークーゼンやマインツに移籍し、ドイツでプレーしたのち2018年にザルツブルクに復帰。ザルツブルクにおいてリクルートメントのスタイルは年代によって異なっている。

- U-7からU-13の年代ではザルツブルクは地方の選手だけをスカウティングする。ザルツブルクから45分以内で通える範囲で、クラブは選手を探していく
- U-14以上になると彼らは国内全体にスカウティング網を広げていく
- U-16以上の年代になるとオーストリアの国境を越えたスカウティングがスタートする。16歳になるとEU内であれば選手の獲得が可能になる。ハンガリーから補強したソボスライ・ドミニクは好例だ
- 18歳以上になればヨーロッパの地域以外からの選手の補強が可能になる

アカデミーの元トップであるエルンスト・ターナー（2018年にMLSのフィラデルフィア・ユニオンに加入）は、レッドブルの哲学についてSKYスポーツオーストリアに取材された際、次のようにコメントしている。

「選手に求められるのは高い認知能力だ。判断力に優れ、プレースピードが速く、ダイナミックにプレーするDNAに適応可能なプレーヤーである必要がある。また、信頼に足る人間である必要がある。そして選手たちは個性を活かしながら、毎日自分で定めた目標を達成していかなければならない」

ザルツブルクのユースで指導を経験し、イングランドのバーンズリーに引き抜かれたゲルハルト・ストルバーはザルツブルクにおけるコミュニケーションの重要性を次のように説明している。

「選手の振る舞いこそがゲームに最も反映するものだ。彼らの試合について直接会話し、オープンに選手と一緒に成長していくことを考えなければならない。どんなチャンスがあり、どのようなものが選手たちにとって必要なのか？　若い選手たちにはキャリアプランが必要だ。チームと個人、それぞれが目標を定めなければならないし、当然それを評価していかなければならない。例えば、2カ月後にどういった選手になっていたいのか？　4カ月後はどうか？　ということを尋ねていくのだ。コーチとの関係性を良好に保つことは選手の成長における基本だ。単に放任しておくだけでは選手は成長しない」

ニューヨーク・レッドブルズと同じように、ザルツブルクにも若手選手とトップチームの架け橋となるクラブがある。リーフェリングは歴史の多くを2部で過ごしているクラブであり、特にオーストリア国外から移籍してきた若い選手に出番を与えることでヨーロッパへの適応を助けている。それだけでなく、このクラブは育成でも大きな貢献を果たしている。記憶に新しいのが2017年に開催されたUEFAユースリーグでの成功だ。このタイトルこそアカデミーにとっては最高の成果だった。

彼らはPSG、アトレティコ・マドリー、バルセロナ、ベンフィカといったヨーロッパの名門を次々と倒し、トロフィーを獲得する。そして、そのチームを率いていたのは今やヨーロッパ屈指の戦術家として評価されているマルコ・ローゼだ。オーストリアで若きチームを率いた指揮官はチームを躍動させ、ハンネス・ヴォルフ、メルギム・ベリシャ、ザヴェル・シュラーガーといった中心選手が見事に成長を遂げていった。

偶然にもローゼのキャリアも地元のライプツィヒでスタートしている。彼はハノーファーではラングニックの指導を経験し、マインツ時代にはユルゲン・クロップのチームでプレーすることで影響を受けていく。2013年から2019年の期間、ザルツブルクユースは隆盛を誇っていた。U-15、U-16、U-18年代のチームは21の大会で15回の優勝を経験。彼らは経済力に加え、そのブランドによって多くの若手選手を魅了していた。多くのアカデミー出身者がプロとして活躍するようになっていたのだ。

オーストリアリーグに所属するザンクト・ペルテンもザルツブルクの育成力によって支えられている。2019-20シーズン、彼らのスカッドには元ザルツブルク・アカデミーの選手が7人所属していた。当時アカデミーにおいて欠かせない存在だったのがフランク・クラマーだ。元ホッフェンハイムのセカンドチーム監督であり、ドイツ代表のユース監督も務めた男は次のようにインタビューに答えている。

「ザルツブルクではすべてが哲学をベースに決定される。そこには全員が信じるべき思想があり、それが組織全体に浸透している。結果として強烈なシナジーが生じ、トレーニングの効果が倍増するのだ。これは選手だけではなく、スカウトや指導者でも同様だ。もう一つの重要な要素として人々はコンセプトだけではなく、人間的な信頼関係でも強く結ばれている。この環境は実現することが難しいが、結局のところコンセプトを浸透させるのには最高の環境なのだ」

ドイツ：ライプツィヒ

ザルツブルクのアカデミーと同様に、ライプツィヒのアカデミーはトップレベルの施設を備えている。6つのピッチだけでなく、トップチームも共有する1000人を収容するスタジアム、全寮制の寄宿学校が敷地内に存在しており、レッドブル・アリーナとも近い。しかしながら、彼らは課題も抱えている。それはザルツブルクやニューヨークと比べるとトップチームに選手を輩出していないことだ。2015年には北部地域のチャンピオンになったが、ヘルタ・ベルリンやウニオン・ベルリン、ヴェルダー・ブレーメンやヴォルフスブルクとは力の差がある状況が続いている。当然だが、オーストリアやアメリカと比べるとドイツのユース年代はレベルが高い。

また、大きな問題になっているのが「ライプツィヒ周辺に育成に定評があるアカデミーが少ない」ことだ。例えばバイエルン・ミュンヘンはアウクスブルク、レーゲンスブルク、ニュルンベルクのようなチームと、オーストリア国境に近いアカデミーから優秀な選手を補強している。彼らはドイツ王者としての絶対的なブランドで、若いうちに優秀な才能を集めているのだ。同じようにボルシア・ドルトムントも周辺地域にボーフム、アルミニア・ビーレフェルト、フォルトゥナ・デュッセルドルフのようなアカデミーがあることで、その恩恵を享受している。

ライプツィヒの周辺にアカデミーが少ない理由を知るには、ベルリンの壁が崩壊した1989年まで歴史を遡る必要がある。東ドイツはベルリンの壁が崩壊したあと、経済的に苦しい時期を過ごすことになる。西ドイツが奇跡のような経済成長を経験する一方で、彼らは不遇の時代を過ごしていた。これがスポーツへの投資においても致命的な差になってしまう。結果的に東ドイツはブンデスリーガのクラブも少なく、彼らはアカデミーに投資する余裕がない状況で経営を続けていく。その結果として東ドイツの優秀な若手の流出が止まらない。

マクシミリアン・アルノルトはザクセン州のリーザで生まれ、ディナモ・ドレスデンでキャリアをスタートした。しかし、彼は若いうちにヴォルフスブルクに加入。その地でトップチームに定着する選手となり、成長を遂げていった。ジョーダン・トルナリガは出身がライプツィヒ、ドレスデンに続くザクセン州第三の都市ケムニッツだが、9歳の時にヘルタ・ベルリンに加入する。現在24歳となった彼はヘルタ・ベルリンのトップチームで活躍している。また、ドイツ代表のユースチームにも選抜されていた。

このようにライプツィヒは周辺地域の若いタレントを獲得することが難しい環境に苦しんできた。だからこそ彼らはまったく異なるアプローチを選択する。それがドイツ以外の国からの補強である。レッドブルのスカウティングネットワークを活用し、彼らは地元に固執せずに若い才能を探している。ヒューゴ・ノボアはスペインU-17代表で活躍した選手だが、2019年にデポルティボ・ラ・コルーニャからRBライプツィヒに移籍しており、オランダ人ではアヤックスから右SBのソロモン・オウス・ボナ（オランダ各年代の世代代表でプレー）、マンチェスター・シティからWGのノア・オハイオ（12歳の頃にマンチェスター・ユナイテッドのアカデミーに引き抜かれ、1年後にマンチェスター・シティのアカデミーに移籍）を次々に獲得。10代の若き才能を国外から集めることで、RBライプツィヒはアカデミーのブランドを確立しようとしている。

アカデミーの5つのプラン

2009年に設立され、2016年にブンデスリーガに昇格したRBライプツィヒは歴史のあるクラブではない。当然ドイツの若い選手にも注目しているが、その獲得は簡単ではないのが実状だ。最初の10年はクラブのブランドを築き、次の10年で「トップクラブだけでなくアカデミーを成功させること」が彼らの長期目標だ。SDのマルクス・クレシェは、2020年4月に『Bild』紙に対し「アカデミーがトップチームを支える5つのプラン」を発表している。

・**哲学**：「我々はゲームにおいてプレー哲学を共有していく。DFラインを高く保ち、速いゲームスピードに適応し、大胆で創造的にプレーする」。この哲学はチーム全体に浸透させなければならない。U-13からU-16の世代で我々は選手の基礎を確立したいと考えている

・**スカッドにおけるアカデミー出身者枠の設置**：2020-21シーズンから3人のアカデミー出身選手がトップチームに帯同している。彼らはトップチームと一緒にトレーニングを経験することで選手として成長していく

・**コーチング**：指導者は結果よりも選手の成長を重視しなければならない。クレシェによれば「指導者の評価はゲームの結果だけでなく、選手の成長によって決定される。選手のポテンシャルを引き出すことが最大の目的だ」

・**指導者教育**：所属しているコーチには多くのセミナーや勉強の機会が与えられている。クレシェは「素晴らしい選手を育てたければ、トップレベルの指導者を育てていかなければならない」とコメントしている

・**結果至上主義からの脱却**：指導者はゲームにおいて戦術的な実験をすることを奨励されてお

り、試合への準備ではなく個々を育成することが最大の目的となっている。クレシェは「選手たちがピッチでミスすることを許されているように、指導者もトライしていくことを奨励されている」と話す

2019年に64歳で引退したフリーダー・シュラーフはRBライプツィヒの育成改革に多大な影響を与えた名指導者として知られているが、彼はRBライプツィヒの未来について楽観的な姿勢を保っている。ドイツ地元メディアの取材に彼は次のようにコメントしている。

「私たちRBライプツィヒのユースは最初に各年代でトップカテゴリーを目指す必要がある。それが成功してもファーストチームへのハードルは高い。特にトップチームはトップレベルの若い選手で構成されており、そこで定着するのは簡単なことではないはずだ。しかし、未来を考えれば状況は変わっているだろう。今のU-19チームでは多くの選手がファーストチームに昇格するはずだ。また、より若い世代でも徐々に優秀なタレントがチームに加入してくれるようになってきている」

シュラーフは2013年にチームに加わり、アカデミーで多くの変化を経験してきた。レッドブルは将来の成功を予想し、スカウティングと育成、トレーニングとマネジメントを融合させてきたのだ。

「学び舎」リーフェリング

規模は比較的小さいが美しいスタジアムとして知られるスタッド・ニヨンの本拠地で、2017年4月にアレクサンダー・シュミット（2021年現在：LASK所属）がレッドブル・ザルツブルクの歴史を作ることになる。UEFAユースリーグ決勝、ベンフィカとのゲームで彼が左足で狙ったシュートが決まり、終盤での逆転に成功したのだ。ベンフィカの猛攻を防ぎ、ザルツブルクは4回目の大会で3クラブ目の優勝クラブとなる。この大会を過去に制したのはチェルシーとバルセロナだけだった。ヨーロッパでの成功から遠ざかったオーストリアの強豪にとって、この勝利はユース年代であっても大きなものだった。レッドブルグループにとってもこの成功は大きな確信となる。彼らはアカデミーへの投資と努力を続け、誰もが認める結果を残したのだ。

ザルツブルクのセカンドチームとして機能するリーフェリングはこの勝利を支えたクラブだ。ユースリーグの決勝でプレーした選手たちの多くはリーフェリングで実戦経験を積んでいた。レギュラーのトータルでは162試合に出場しており、フィジカルを求められる2部リーグで心身を成長させていた。ユースリーグは19歳以下の大会であり、多くのクラブはトップリーグでの経験がない選手を多く起用してくる。しかし、ザルツブルクの選手たちの多くはリーフェリングでプレーすることで成熟したプレーを学んでいた。その経験は重要な局面でチームを救ったのだ。

レッドブルによって買収した多くのクラブと同様にオーストリアリーグにおけるリーフェリングはオーストリアの地元サポーターには認められないクラブだ。クラブの成立した経緯ですら複雑で議論の的になりやすいものだった。公式には2012年に創立されたクラブという扱いになっており、チームカラーはザルツブルクとライプツィヒと同じ。しかし、彼らのユニフォームにレッドブルのロゴはプリントされていない。彼らの歴史を知るには60年以上過去の話をしなければならない。そして、ここではオーストリアリーグの仕組みについても簡単に説明する必要があるだろう。

2005年から2010年の間、オーストリア・ブンデスリーガのクラブはリザーブチームを2部に保有することが認められていた。ザルツブルクやアウストリア・ウィーンはそのルールを活用した強豪だ。しかし、2010-11シーズンに突如として2部リーグのクラブ数は12から10に縮小。加えてリザーブチームというシステムも廃止された。

セカンドチームを求めていたザルツブルクは手段を探すようになる。当時は3部リーグでリザーブチームをプレーさせることが許されていたが、ザルツブルクの若手にとって3部リーグはレベルが低かった。実際に彼らは2010-11シーズンに3部リーグを制覇。しかし、ルールが彼らの昇格を阻む。手を尽くしたザルツブルクは非公式に3部リーグのユニオン・スポーツ・クラブ（USKアニフ）と提携。彼らはローンで複数の若手選手を貸し出し、昇格をサポートしようとした。しかし、結果は3位で惜しくも昇格を逃すことになる。2011年の夏には正式な提携を画策するも、時間が足りずに契約は成立しなかった。

2011-12シーズンは2つの異なるクラブとしてシーズンをスタートした2クラブだが、裏では解決策を探していた。2012年にはUSKアニフはレッドブルと契約を締結。彼らはザルツブルクのリザーブチームから選手を獲得していく。同時にレッドブルはFCアニフという3部リーグのクラブを創立する。そして、もともとUSKアニフでプレーしていた選手を全員FCアニフに移籍させたのだ。そして、USKアニフをFCリーフェリングに改名する。その結果、彼らのリザーブチームが「2部リーグに昇格することを許されるクラブ」として3部リーグでプレーするようになったのだ。

彼らの複雑な動きはこれだけではない。ザルツブルクは3部（中央地区リーグ）に所属するパシングとも提携を結んでいた。パシングは歴史あるクラブで2007年には1部に所属。しかし、2010年には財政破綻を経験し、3部リーグでクラブを再建する。ザルツブルクは若い選手をレンタルし、苦しむ彼らをサポートしていた。そして、彼らは奇跡的な快進撃に成功する。降格を危ぶまれていたチームは昇格候補となり、驚くべきことにオーストリアカップで優勝したのだ。

準決勝で彼らはザルツブルクを2対1で破り、下部リーグから偉業を成し遂げた。

ザルツブルクのプランは西部地区リーグを優勝したリーフェリングと中央地区リーグを優勝したパシングとの提携によって、2部リーグに提携クラブを保有することだった。パシングは昇格に失敗するが、最終的にリーフェリングは2部リーグに昇格。ザルツブルクはオーストリアリーグに「ザルツブルクとリーフェリングは正式な提携をしておらず、単なるスポンサーである」という主張を認めさせ、リーフェリングはライセンスを取得する。リーフェリングはオーストリアカップへの参加と昇格権を自ら手放し、実質はザルツブルクの従順なリザーブチームとなる。パシングとの提携も続いていたが、リーフェリングが目的を達成したことで数年後には提携を解消。最終的にパシングはLASKによってFCジュニアーズと改名され、2部に昇格して同じようにリザーブチームとなる。

2018年に2部リーグは10クラブから16クラブに拡大し、ここで再度「リザーブチームの2部リーグ所属」が公認された。当然かもしれないが、リーフェリングの昇格は物議を醸した。ファン団体は反対の意を表明し、「競争を否定する行為であり、オーストリアのサッカーを腐敗させるものだ」という内容の意見状を提出。レッドブル・ザルツブルクの母体になったアウストリア・ザルツブルクの創始者として知られるモーティスも痛烈にレッドブル・ザルツブルクを否定していた。

また、オーストリアリーグのルールは決められた移籍期間ではなくても「下部リーグとの移籍」を許可している。このルールはザルツブルクとリーフェリングの提携を助けている。シュトゥルム・グラーツやＬＡＳＫもルールの恩恵を得ているが、最大限にルールを利用しているのはザルツブルクだろう。

環境に順応するための最適なチーム

海外から獲得した選手がヨーロッパに慣れる環境として最適なチームはこれまでパトソン・ダカ、エノック・ムウェプ（2021年現在：ブライトン所属）、カリム・アデイェミといった選手たちの登竜門となってきた。ザヴェル・シュラーガーはザルツブルクで活躍して2019年にヴォルフスブルクに移籍したが、リーフェリングで試合経験を積み重ねた。彼は私のインタビューで次のようにコメントしてくれた。

「その経験はとても大きかった。U-18のプレーはあくまで子どもの延長だ。フィジカルの面でトップチームとは大きな差がある。ユースの大会ではデュエルやタックルが少ない。リーフェリングでプレーすれば突如として大人のサッカーを経験することになる。ロングボールやヘディングに対応しなければならないんだ。パワーや身長で勝てないならスピードや俊敏性を磨くしかない。リーフェリングでプレーを経験することには2つの目的があると思っている。一つはフィジカルの強化。そして、若手選手の武器となるスピードをトップリーグで通用するレベルまで磨くことだ。僕はスピードには自信がなかったのでフィジカル面を強化したよ。そこで競り合いについて多くを学んだ。個人的にはあの経験がキャリアで最も重要だったと思う。特にベテラン選手と対戦することでスピードを補う賢さを体験できたのは大きかった。僕はあのリーグで賢い選手になれたんだ」

シュラーガーはユースリーグでキャプテンを務め、リーグのアシスト王にも輝いた。チームを率いたマルコ・ローゼはユルゲン・クロップに現役時代から「指導者の才能がある」と賞賛された男だ。その若き指揮官の頭脳はザルツブルクユースの躍進を支えた。前シーズンは0対4でASローマに大敗したザルツブルクはUEFAの各国王者と対戦する予選で自信を取り戻していく。特に印象的なのはジェイドン・サンチョ、ブラヒム・ディアス、トシン・アダラビオヨが所属していたマンチェスター・シティとの対戦だろう。彼らはPK戦でイングランドの強豪を倒したことで勢いに乗ると、次の試合ではPSGを5対0という大量リードで粉砕。

シュラーガーは次のようにユースリーグの思い出を振り返っている。

「我々にとって特別な経験だった。オーストリアは強豪国ではないし、レッドブル・ザルツブルクも国際的には無名だった。この大会を勝ち抜くことで注目されたいと皆が感じていたはずだ。

だからこそ100%の集中力でプレーしていた。監督の指導も別格でPSGやマンチェスター・シティのような強豪との試合は燃えたね。もちろんトップクラブのアカデミーだから選手は優秀だったけど、リーフェリングで経験した相手と比べれば怖くはなかった。彼らは子どものサッカーをしていたからね。フィジカル的には負けないと感じていたし、実際にインテンシティでは圧倒していた。完璧な大会だったよ」

UEFAユースリーグでの快進撃

ローゼのチームはプレッシングで相手の自由を奪い、ボールを保持すればSBを的確に使いながら攻撃を構築していく。若いチームは戦術的にも優れており、そのサッカーは多くの専門家を唸らせた。準々決勝ではアトレティコ・マドリーを2対1で破り、準決勝に進出する。残念ながら怪我で準決勝を欠場したシュラーガーの代わりにキャプテンとしてプレーしたザンドロ・インゴリッチは次のようにコメントしている。

「マルコ・ローゼの存在はチームにとって大きかった。彼は偶然を許さず、すべての要素を分析していた。試合前には相手の情報は完璧に把握していたよ。しかし、それだけではなく彼はゲームを楽しませてくれた。ヨーロッパでも注目される監督になっているのも驚くことではないよ」

ベスト4に名を連ねたのはレアル・マドリー、バルセロナ、ベンフィカ、ザルツブルク。準決勝でザルツブルクと対戦したバルセロナは自分たちが信じるポゼッションサッカーでゲームを支配し、ジョルディ・ムブラ（2021年現在：マジョルカ所属）が先制点を奪う。ザルツブルクは守備にミスが続くが失点を逃れ、そこからミスを誘ってハンネス・ヴォルフ（2021年現在：ボルシアMG所属）が同点弾を決める。そして、ヴォルフのアシストから決勝点を決めたのはエースのパトソン・ダカだった。決勝のベンフィカ戦でも前半で失点したがCKから同点に追いつき、最後はアレクサンダー・シュミットが決勝点を奪う。

インゴリッチは印象的な決勝戦について次のようにコメントしている。

「すべてのゲームが特別だが、決勝は人生でも格別の瞬間だった。準決勝と決勝ではリードされた相手に逆転しており、チームの強靭なメンタリティを象徴するゲームだったね。少しの調整でプレッシャーの方向性を変えながら、自分たちのアプローチを信じて全力を尽くした結果だよ。監督のプランは間違いないと思っていた。絶対に忘れられない瞬間であり、チームで団結すれば世界のエリートにも勝てるということを実感したよ」

批判の声も少なくはないが、リーフェリングというクラブをリザーブチームとして使ったことでザルツブルクはユース選手に貴重な機会を与えていた。若手選手は躍動し、指揮官も階段を駆け上がっていく。多くの選手にとって「人生を変えた経験」になったUEFAユースリーグの優勝はレッドブルグループの賢明な戦略によって支えられていたのだ。

３章　レッドブルのエクストリームな戦略

ラングニックの「3K」

ラルフ・ラングニックはチームの成功において3つの柱となる原則を信じてきた。その3つが「kapital（資本）」「konzept（コンセプト）」「kompetenz（能力）」だ。これは元レバークーゼンのダイレクター職で活躍したレイナー・カールムンドが掲げていた、ビジネスで成功する3つの原則（土地・労働・資本）から発展したものだ。ラングニックはこれをサッカーの世界に適合させ、長期的で持続可能なビジョンの重要性を主張した。ドイツのTV局ドイチェ・ヴェレに対し、彼は次のように語っている。

「もし3つすべてが同時に成立していれば、そのチームは成功する。それが1つか2つだと成功は難しくなるだろう」

このモデルをラングニックはレッドブルグループのクラブで適用していく。特にヨーロッパの2クラブにおいて、3つの柱は成功のカギとなった。「kapital（資本）」という観点ではレッドブルの豊富な資金力は他を圧倒していた。彼らはアカデミーとファーストチームへの投資を欠かさず、若い選手を重要視するモデルを確立した。レッドブルグループは前述したラングニックの「若手を獲得する理由」をベースに投資を若手選手に集中させ、両チームを成功へと導いた。

レッドブル・ザルツブルク

シーズン	平均年齢	チーム市場価値	市場価値上昇率
2011/12	24.15	€36.28m	–
2015/16	21.65	€50.15m	38.23%
2019/20	23.56	€113.60m	55.85%

RB ライプツィヒ

シーズン	平均年齢	チーム市場価値	市場価値上昇率
2011/12	24.96	€326,000	–
2015/16	22.39	€35.30m	10,728.22%
2019/20	23.10	€630.40m	1,685.83%

2015年、『The Blizzard』でラングニックは次のようにコメントしている。

「他クラブと我々の違いは選手のスカウトだ。ライプツィヒとザルツブルクは移籍市場で大金を使うことは少ない。我々は17～23歳の選手だけに着目しており、23歳以上の選手は才能として考えていない。10年前と比べると今の選手たちのキャリアはスタートするタイミングも引退するタイミングも早期化している」

彼のメソッドは2つのチームで共有され、ピッチでの成功だけでなく売却面でも成功を遂げた。

上の表でも明らかだが、ザルツブルクのスカッドは急速にその市場価値を高めてきた。2011-12シーズンはRBライプツィヒにラングニックが加入する前のシーズンで、2015-16シーズンのデータはラングニックが3年間でレッドブルグループの戦略を一変させた成果となっている。ラングニックはライプツィヒとザルツブルクの両チームを統括する役割から離れたが、レッドブルグループは彼の哲学を継承。4年間でチームの市場価値は2倍となった。ハーランドと南野、2人の主力選手が2020年の冬に移籍してからも、ザルツブルクはリーグでの傑出したパフォーマンスを継続。同じく2012年からの期間におけるRBライプツィヒの躍進も見逃せない。

RBライプツィヒは指導者に適切に投資し、選手の補強でチームの市場価値を高めてきた。2012年、彼らは4部リーグで苦しんでおり、数人のベテラン選手は明らかに給料が高騰していた。2015年までにスカッドのバランスは劇的に改善される。補強でチームに加わったユースフ・ポウルセン、マルツェル・ハルステンベルクとヴィリ・オルバンは主軸としてブンデスリーガでも活躍を続ける。

RBライプツィヒは2016年にブンデスリーガに昇格すると、そこから2位、6位、3位でシーズンを終えている。2019年にはRBライプツィヒはラングニックの哲学とレッドブルグループの力を集約したチームとなった。それに加えて、2019-20シーズンにはザルツブルクとライプツィヒは「スタメン平均年齢がリーグで最も若い」チームになる。ザルツブルクは特にスカウトによって強化されたチームだ。2015年から2020年の5年間でザルツブルクは選手の売却で2億7600万ユーロを稼いでおり、原石をダイヤモンドに磨きながらヨーロッパサッカー界で存在感を高めていく。

一方でRBライプツィヒはヨーロッパ屈指のタフなリーグであるブンデスリーガで自分たちの地位を確立していく。下部リーグ時代に獲得した選手たちもブンデスリーガで価値を高めていった。2019-20シーズンの開幕前というタイミングではヴィリ・オルバンとディエゴ・ダンメが好例だろう。オルバンはクラブが2部リーグ時代にカイザースラウテルンから加入。チームの中心として順調に成長し、キャプテンを務めるようになった彼の市場価値は2000万ユーロまで高騰している。

ダンメは3部時代にパーダーボルンから移籍金35万ユーロで加入。当時22歳だった若者は6年後にはクラブの中核となり、イタリアの古豪ナポリに1200万ユーロで移籍することになる。クラブの副キャプテンを放出するRBライプツィヒのアプローチは奇妙にも思えるが、30歳以下の選手を中心とする彼らの哲学から考えれば妥当な選択だろう。次の契約を結べばダンメは30歳以上でチームに在籍する可能性が高い。

2クラブによるシナジー

オーストリアでザルツブルクの選手獲得を統括しているのがクリストフ・フロイントだ。彼は

2006年からクラブに在籍しており、最初はチームの庶務としていろいろな事務仕事に奔走していた。そこからチームコーディネーターに昇格すると、選手との契約などを担当するようになる。そして2015年、ラングニックがRBライプツィヒの全権を握ると彼はSDに任用されることになる。現在は43歳だが彼がレッドブルグループにおいて不可欠な存在であることを否定することは難しいはずだ。フロイントはイングランドの『Mirror Football』に対してレッドブルの「konzept（コンセプト）」を次のように説明している。

「我々はスピードと賢さ、正しいメンタリティと人間性、思考スピードに優れた選手を必要としています」

補足としてラングニックがザルツブルクとライプツィヒの共通点を『The Blizzard』に語ったインタビューから抜粋しよう。

「両方のクラブにおいて我々は同じスタイルのサッカーをプレーしようとしている。そして、その2クラブにシナジーを発生させようとしているんだ」

レッドブルグループが選手を保有していることは重要だ。彼らはグループ内で選手を異動させることで、特にヨーロッパ域外の選手にチャンスを与えていく。過去には2クラブの間で19人の選手が移籍している。主にはオーストリアリーグで活躍した選手をRBライプツィヒに昇格させるケースだ。そこにはダヨ・ウパメカノ、ナビ・ケイタ、マルセル・ザビッツァー、コンラート・ライマー、ハンネス・ヴォルフが含まれる。コンラート・ライマーとハンネス・ヴォルフは特にアカデミーレベルから着実に昇格を繰り返すことでグループのトップチームにまで辿り着いた「モデルケース」だろう。同じ哲学を共有するブラジルやニューヨークからも有望な選手を移籍させることは可能だ。

しかし、クラブの戦略的な提携には批判も少なくない。実際にライバルクラブはRBライプツィヒのアプローチを不公平だと感じている。しかし、ザルツブルクは少しずつ「RBライプツィヒのサポート」を減らしている。実際に2017年以降、クラブ間の選手移籍は減っている。例えばハーランドのケースは好例だろう。彼はレッドブルグループ内での移籍を噂されていたが、最終的にはボルシア・ドルトムントに移籍。この決断は選手本人と代理人によって下されており、あくまでRBライプツィヒは選手の意向を優先した。

才能の宝庫フランス

レッドブルモデルの選手補強はフランスを才能の宝庫だと考えている。2012年からの成功は彼らにとって重要な学びとなった。サディオ・マネとナビ・ケイタはそれぞれフランスリーグからの補強であり、レッドブルが求めるフィジカルと知性を兼ね備える選手がフランスの地で育っている。彼らはもともとジェラール・ウリエがコネクションを活かして開拓したフランスの市場でネットワークの拡充を目指しているのだ。ザルツブルクの元CEOであるヨッヘン・ザウアーは彼らのフランスとの関係性について『The Blizzard』で次のようにコメントしている。

「我々は国外の動向に注目しており、フランスはザルツブルクにとって面白いマーケットだ。ヨーロッパ屈指の強国ではあるが、5大リーグでは最も安く選手を獲得することが可能なケースが多い。フランスからオーストリアへの移籍であれば、今のところ選手も納得してくれることが多いんだ。フランスとの関係性はジェラール・ウリエによって整備されてきた。彼の知識は我々を助け、スカウティング網も広がった。まず我々が狙っているのはフランス2部の才能だ。1部と比べて移籍金という観点でも獲得実現の可能性が高い。また、最近はPSGのアカデミーも頻繁に視察している。ファーストチームでの活躍は難しくても、そこにはダイヤモンドの原石が多く所属している」

実際、レッドブルグループは多くのPSG出身者を獲得してきた。アブドゥラハマン・バリー、アントワーヌ・ベルネード、マハマドゥ・デンベレ、ジャン=ケビン・オーギュスタン、クリストファー・エンクンクだ。フランスの強豪アカデミーにおいて選手に与えられる教育のレベルは極めて高い。彼らを安価で獲得し、成長させるアプローチは賢明だ。特にクリストファー・エンクンクはさらなるステップアップを期待されており、ヨーロッパの列強が獲得を狙っている。

彼らの広いネットワークは前述したようにアフリカ大陸にまで張り巡らされている。また、アジアでも彼らのネットワークは機能している。2015年には韓国代表のファン・ヒチャン（2021年現在：ウルバーハンプトン・ワンダラーズに所属）を獲得しており、獲得の裏には長期的なスカウティングがあった。最初はヨーロッパのスピードに適応できずに苦しんだが、現在はレッドブルグループ内を着実にステップアップしている。

もう一人は日本人にはお馴染みの南野拓実だ。彼もセレッソ大阪時代に18カ月の視察で獲得を決定している。ザルツブルクでも加入当初は苦しんだが、徐々に指揮官ジェシー・マーシュの戦術において欠かせない選手に成長していく。2020年の1月にはリバプールに移籍し、レッドブルグループからクロップ政権下のリバプールに加入した3人目の選手になった（1人目はサディオ・マネ、2人目はナビ・ケイタ）。2019年にチャンピオンズリーグでザルツブルクと対戦したこともあり、クロップはレッドブルグループを評価する一人だ。彼はインタビューで「ザルツブルクは最高の選手を育てている」と絶賛。南野がアンフィールドで活躍したゲームはクロップが獲得を決断する一つの理由となった。

選手の移籍は避けられないが、ポイントとなるのは正しい補強で後釜を確保することだ。そういった点においてレッドブルグループは極めて優れている。ザルツブルクの2019年と2020年の移籍市場での動きは印象的なものだった。2019年の夏、オーストリア王者は多くの主力選手を失うことになる。モアネス・ダブールがセビージャ、ザヴェル・シュラーガーがヴォルフスブルクへ移籍し、ステファン・ライナーとハンネス・ヴォルフもチームを離れた。

しかし、次のシーズンも彼らは好調を持続。ハーランドや南野、ソボスライ、エノック・ムウェプのような若手選手が躍動し、問題なく穴を埋めたのだ。ハーランドと南野が冬に移籍すると、彼らはパトソン・ダカ、セク・コイタ、奥川雅也を代役に起用していく。彼らは若いが、ザルツブルクの優れた育成によって磨かれてきた原石だ。

「若手選手の能力に適用する公式」

ラングニックにとって最後の要素となるのが「kompetenz（能力）」だ。再び2017年の講演に戻ろう。彼はそこで、「若手選手の能力に適用する公式」を示した。

[生まれ持った才能＋習得したスキル]×メンタリティ＝競争力

ラングニックは自らの能力を信じており、他人が嫌がることであっても厭わない。彼にとって確固たるメンタリティは何よりも大切なのだ。彼はクラブの移籍に関与する時、「自分の力を証明しなければならない選手」を好んで獲得してきた。彼自身の言葉を借りれば「レッドブルの移籍は彼らにとって人生で2度目の契約になることが多い。これはキャリアのステップアップにおいて重要なものだ」。このように考えているからこそラングニックは選手本人の意思を重視する。タイミングが正しいと思えば移籍を許可し、戦力を慰留することには固執しない。

近年のRBライプツィヒは強烈なメンタリティを武器にする選手によって成功してきた。例えばマルツェル・ハルステンベルク、ルーカス・クロスターマン、イブラヒマ・コナテ、マルセル・ザビッツァーは好例だ。彼らは若くしてチームに加入し、ファーストチームでも重要な戦力に定着している。代表チームに選出された選手もいればトップクラブのスカウトが獲得リストに加えている選手もいるが、彼らは自分の力を信じて日々の努力を続けてきた。ラングニックは不屈のメンタリティを持った若い選手たちを獲得し、下部リーグを勝ち抜くというミッションに挑んだ。彼にとってそれは勝算のある賭けであり、実際に成功したのだ。

レッドブルグループとラングニックの極端なアプローチがなければチームに加わらなかった2人の選手も紹介しておこう。北欧から獲得されたユースフ・ポウルセンとエミル・フォルスベリだ。彼らは当時、もう少しレベルの高いクラブからも誘われていた。しかし、2人が好条件のオファーを断ってRBライプツィヒに加入することを決意したのには理由があった。一つはラングニックへの圧倒的な信頼だ。ラングニックは自分であれば絶対に数年後トップレベルの選手に成長させられると彼らを説得した。

「ラングニックには脱帽でした。彼は感情的で喋る時に相手の感情を刺激していきます。彼は自分が求めることを完璧に理解しており、それこそが彼を尊敬する理由です。彼は常に完璧を求め、満足することはないんです。だからこそ私は彼のクラブに加入することを決めました」（エミル・フォルスベリ）

「僕はプロになれる才能はなかったと思います。子どもの頃も周囲の人々から『彼はプロになるだろう』と言われるような選手ではありませんでした。15歳の時も代表チームの初期選抜メンバーではありませんでした。そこには1994年に生まれた選手が500人くらい集められていました。誰かが『君には無理だよ』と言うたびに私は努力とプレーで証明してきました。ユース時代は僕より優れた選手しかいませんでした。それが誰よりも努力するモチベーションになったんです」（ユースフ・ポウルセン）

ラングニックの推定で考えれば過酷な競争に勝ち抜いてきたポウルセンのメンタリティは評価に値する。例えば、仮に数値で表すのであれば次のような具合だろう。

[NATURAL BORN TALENT（５）＋ ACQUIRED SKILL（６）] × MENTALITY（10）＝ COMPETENCE（１１０）

ザルツブルクにおいてウパメカノは成功例の一人だ。2015年にフランスのバランシエンヌから獲得した青年は度重なる怪我に苦しんでいた。ザルツブルクは16歳のCBに200万ユーロを支払い、関心を寄せていたマンチェスター・ユナイテッドとの獲得競争を制する。今やウパメカノはヨーロッパ屈指のCBに成長した。リスクを恐れないのがレッドブルの補強ポリシーだ。

例えば2019-20シーズン、RBライプツィヒは3人の選手を獲得する。クリストファー・エンクンク、パトリック・シック、アンヘリーニョだ。エンクンクはPSGに所属していたが、ネイマールやムバッペ、ディ・マリアの存在もあって長い時間のプレー機会を得ることは難しかった。シックは無限のポテンシャルを評価されていたが、一方でASローマでは壁を破れずに苦しんでいた。アンヘリーニョもPSGでは活躍していたが、マンチェスター・シティ復帰後にはスタメンを奪えずに苦しんでいた。周囲の高いレベルもあって自信を失ったようなプレーが目立ち、攻守に精彩を欠いていた。

3人はRBライプツィヒで驚くべき復活劇を披露する。エンクンクはブンデスリーガ屈指の創造的なアタッカーとして活躍し、シックはティモ・ヴェルナーとマルセル・ザビッツァーに続く得点数を記録する。アンヘリーニョも大胆なオーバーラップでチームを活性化させ、レギュラーに定着した。

選手の成長を第一に考えるラングニックは規律面では厳しいルールを設定している。若い選手は注目されると簡単に増長してしまい、そうなれば集中力を失ってしまう。例えば、彼らは購入可能な車を決められている。24歳以上になれば高級車を購入可能だが、18歳から23歳までは安価なモデルだけが許可されている。興味深いことにラングニックは2018年に監督を務めていた時、チームに「災難の輪」と名付けた罰則を導入した。彼は選手が遅刻した場合やトレーニング中に携帯電話を使った場合、体重が基準を超えた場合に罰を与えていった。

その罰の種類は多岐にわたっており、例えばクラブショップでボランティアをすることやスタジアムツアーを担当すること、チームがアウェー遠征で使うバスの整備をサポートすること、試合や練習用の飲料ボトルを用意すること、ボールを綺麗に磨くこと、アカデミーで1日トレーニングに参加すること、クラブのスタッフ全員に小さな贈り物を買ってくることなどがあった。最も選手が恥ずかしかったのが、チュチュ（バレエで着用する広がったスカートが印象的な衣装）でトレーニングに参加するというものだ。右腕であったマーシュからの助言もあり、ラングニックは罰則に単純な「罰金」を含めていない。

「3つのK」というラングニックの原則はレッドブルグループを支え、ライプツィヒとザルツブルクはヨーロッパ屈指の選手育成機関へと姿を変えた。彼らはラングニックの原則をベースに、さらにその地位を高めていくだろう。

英国が生んだもう一人のキーマン

「2014年夏の移籍期間」に限れば、サウサンプトンを上回る移籍に成功したクラブはヨーロッパに存在しなかった。前シーズンにはルーク・ショウ、アダム・ララーナ、デヤン・ロブレンといった主力を次々に失った彼らは苦境に陥ると思われていた。しかしながらヨーロッパ全土からの選手獲得によって彼らは穴埋めに成功する。守備ではアトレティコ・マドリーに所属していたベルギー代表CBトビー・アルデルバイデルトをローンで獲得し、オランダリーグで活躍していたグラツィアーノ・ペッレ（イタリア代表）、ドゥシャン・タディッチ（セルビア代表）を補強。そして、最も重要だったのはサディオ・マネの加入だ。

オーストリアのレッドブル・ザルツブルクで活躍したセネガル代表FWはサウサンプトンにとって完璧な補強だった。監督だったマウリシオ・ポチェッティーノがトッテナム・ホットスパーに引き抜かれたこともあり、ロナルド・クーマン指揮下のチームは期待度が低かった。しかし、2014-15シーズンは彼らにとって大きな成功となった。移籍金では2500万ユーロの黒字となり、リーグは7位で終了。シーズン中盤までは首位を走り、サウサンプトンのアプローチは賞賛を浴びた。

しかし、監督や選手がスポットライトを浴びたシーズンの背後には一人の男がいる。難しい決断を成功させてきた男の名はポール・ミッチェル。奇跡の夏から4年後、彼はRBライプツィヒの一員となる。なぜマンチェスター近郊のスタリーブリッジ出身のイングランド人が、ドイツ随一の新興勢力にヘッドハンティングされたのだろうか？

選手時代、ミッチェルはDFとMFでプレーしていた。怪我の再発を繰り返したことで、27歳の若さで引退を決意する。引退すると当時所属していたMKドンズのアンバサダーに就任し、クラブの補強にも関与していく。2010〜16年という長い期間、MKドンズを率いた指揮官カール・ロビンソンは若い選手を発掘する彼の才能を認め、ミッチェルは発言力を高めていく。彼によってクラブは若手選手を重用する意識を高め、チームとしても成長の場を用意するようになったのだ。そこから2シーズン連続でMKドンズはプレーオフに進出するが、残念ながら昇格には失敗する。

しかし、チームを的確に強化したミッチェルの名はイングランドでも知られるようになっていく。2012年にはサウサンプトンにヘッドハンティングされ、育成の名門へ。サウサンプトンはもともとアカデミーの育成力に定評があり、ミッチェルはサウサンプトンにとって理想的な存在だった。サウサンプトンのアカデミー出身者として有名なのはトッテナムに移籍したギャレス・ベイルだろう。他にもテオ・ウォルコットやアレックス・オックスレイド=チェンバレンはアーセナルに移籍したが、彼らの成長を支えたのがミッチェルだった。

クラブのSDだったマンチェスター出身のレス・リードは選手を分析する眼力で知られており、彼が選んだ選手を良質な指導者が育てていく。当時サウサンプトンの育成センターには10個のスクリーンが用意されており、そこで分析スタッフが1日中ゲームを分析していた。スカウト部門はイングランド国内を視察に飛び回り、5歳であっても優秀な選手であればクラブに報告する。スカウト部門で活躍したロッド・リュデックはベイルに8歳の頃から注目していた。

また、サウサンプトンのセンターには興味深い施設が存在する。それが巨大なスクリーンが設置された小さな部屋だ。センター内で最も重要な施設とも呼ばれるこの施設は「ブラックボックス」の異名で知られている。部屋にはサウサンプトンが自ら開発・設計したコンピューターソフトウェアがダウンロードされたパソコンが用意されており、ミッチェルとクラブのスタッフが世界中の選手、チームの映像にアクセスすることが可能になっているという。

「ブラックボックス」の有効利用

ミッチェルに求められた仕事は単に移籍をコントロールするだけではなく補強した選手をチームにフィットさせることだった。彼は加入する新しい選手だけでなく、現有戦力のレベルアップもサポートしていたのだ。彼は「ブラックボックス」を使いこなし、その有用性について『デイリー・テレグラフ』紙のインタビューで次のように述べている。

「私はこれまで『ブラックボックス』のような施設について聞いたことがなかった。この部屋は補強だけに役立つものではない。理論の構築に役立つ場所であり、すでに私はこの部屋が持つ魅力を感じている。GKのフレイザー・フォスターとGKコーチのデイブ・ワトソンはこの部屋を使い、試合の前後にプレーを分析するミーティングをしている。また、アカデミーに加入しようとしている若い選手の両親を招き、ここで映像を使ったプレゼンテーションをすることもある。なぜサウサンプトンを選ぶべきか、というアピールには映像が効果的だ。このようにこの部屋はパワフルなプラットフォームとして機能している」

サウサンプトンが育成で傑出した存在になった理由の一つが細部への徹底したこだわりだ。ミッチェルがサウサンプトンに加わってから6カ月後、クラブはプレミアリーグに昇格。移籍市場では彼らは積極的に活動し、ナサニエル・クラインや吉田麻也、ジェイ・ロドリゲス、パウロ・ガッザニーガを獲得する。しかし、ピッチ上での結果は芳しくないものだった。開幕から10試合ではわずか1勝というスタートで、多くのサポーターが残留は厳しいと考えていた。そして監督だったナイジェル・アドキンスが2013年の1月に解任されるとチームは混乱に陥っていく。新指揮官となったポチェッティーノのスペインでの実績はサポーターの不安を煽ったが、ミッチェルとリードは彼の成功を確信していた。

サウサンプトンは14位でシーズンを終え、残留に成功。アルゼンチン人指揮官の得意とする[4-2-3-1]を機能させる手段として、サウサンプトンは夏に2人の新戦力を補強する。それがビクター・ワニャマとデヤン・ロブレンだった。この補強とポチェッティーノの戦術は2013-14シーズンにクラブを8位へと導くことになる。クラブにとっても過去数十年で最高の結果となり、ミッチェルの手腕を多くの人が認めていく。ポチェッティーノは英国でも人気の若手指揮官になり、最終的にはトッテナムの監督に就任する。

しかし、成功を重ねていたサウサンプトンにミッチェルは満足していなかった。彼はポチェッティーノを追うように11月にトッテナムに加入し、ポチェッティーノとミッチェルはトッテナムをチャンピオンズリーグの常連クラブに変えていく。1年前、トッテナムはギャレス・ベイルの移籍で得た8500万ユーロの大金を効果的に使えず補強に失敗していた。ミッチェルが最初に補強したのが古巣であるMKドンズで育ったデレ・アリだ。500万ユーロの移籍金はプレミアリーグ上位のトッテナムにとってはかなり安いものだった。

また、スペインからイングランドに連れてきた張本人であるミッチェルはトビー・アルデルバイデルトも獲得。それに加えてソン・フンミンとキーラン・トリッピアーを獲得した。新戦力はもともとクラブに所属していた主力であるウーゴ・ロリス、ヤン・ベルトンゲン、クリスティアン・

エリクセンやハリー・ケインと融合し、ヨーロッパでも有数の若く魅力的なチームが誕生する。2016年と2017年はタイトルの獲得にも近づき、プレミアリーグでも平均年齢が若いチームをポチェッティーノが率いていく。

しかし、2016年の8月に報道によればダニエル・レビ会長との確執もあり、ミッチェルはトッテナムを離れることを決意する。恩義を感じていたこともあって、冬の移籍市場でも彼はチームを助けた。トッテナムではフロントに昇格するという噂もあったようだが、2018年2月には予想外のニュースが関係者を驚かせることになる。2018年2月、彼はRBライプツィヒへの加入を発表したのだ。

RBライプツィヒの目線で考えると彼らは冬のトランスファーウインドーで失敗。彼らは一つも完全移籍を成立させられておらず、ラングニックはミッチェルこそが適任だと考えたのだ。ドイツメディアとの会見においてラングニックは「イングランドで最も知られており、実力では他を圧倒するスカウト」と表現し、「クラブの補強においてカギとなる存在」と絶賛。

「ミッチェルの争奪戦は激しいものだった。彼はサウサンプトンをプレミアリーグに導き、多くの若手選手を補強し、彼らを成長させた。そこからトッテナムでポチェッティーノを助けると2年間でクラブの隆盛を支える存在となった。プレミアリーグで最も若手をプレーさせながら、結果も残していたのだ」

イングランドの才能発掘

RBライプツィヒはミッチェルがクラブの補強戦略に適合する存在だと考えていた。彼を求めたことには複数の理由がある。最初にラングニックが彼を認識したのは2014年だ。サディオ・マネがサウサンプトンに移籍したタイミングで、ラングニックは若きイングランド人の確かな眼力と交渉術に驚かされている。ミッチェルとサウサンプトンは着実にマネを成長させ、本人もトップテナムにステップアップする。マネを補強し、その成長を助けたことで彼の実力をレッドブルグループが認識したのだ。

2つ目の理由はイングランドからの才能が多くブンデスリーガで活躍する潮流を考えたことだ。ミッチェルのコネクションはイングランドからの若手獲得を助けることになる。ミッチェルがレッドブルグループに加入する前年、ヨーロッパ育成年代のサッカーはイングランドによって席巻されていた。U‐21代表はU‐21EUROの準決勝に進出し、U‐20代表はU‐20W杯を制覇、U‐19代表はU‐19EUROで優勝し、U‐18代表はトゥーロン国際を制覇し、U‐17代表はU‐17W杯で優勝していたのだ。

RBライプツィヒにとって将来の若手有望株が揃うイングランドとのコネクションは絶対的に

不可欠だった。例えばボルシア・ドルトムントはジェイドン・サンチョを獲得し、RBライプツィヒも英国の才能には注目していた。彼らは2016年にはオリヴァー・バークを獲得し、2018年にはローンでアデモラ・ルックマンを獲得している（2019年7月25日にはRBライプツィヒと完全移籍で5年契約を結んでいる）。

最後にミッチェルが若手獲得のスペシャリストとして名を馳せていたことだ。彼は多くの場合、限られた予算で成功するというタスクを与えられており、オーストリアやドイツ、フランス、スペインなどの国々で才能を発掘していた。トッテナムとサウサンプトンで彼が在任期間に獲得した選手の平均年齢は23・8歳とRBライプツィヒの補強哲学との相性は良好だ。彼はハングリーで競争を好む選手を安く買うスキルに優れており、レッドブルにとっては最高の存在だ。彼自身もスカッドの世代交代こそが自らの成功を支えてきた要素だと考えている。『The Athletic』のインタビューで彼は次のようにコメントしている。

「私の哲学はグループを刺激するような新しいプロフィールの選手を補強することだ。チームに競争を与え、日々のトレーニングで最大の努力を奨励していく。これこそトップクラブが常に求めているものだ。移籍期間で2〜4人の選手を加えていくが、彼らはスターティングイレブンを脅かせる選手である必要がある。チームのレベルを高みに導くのはハイレベルな競争なのだ。どんなチームであってもスカッドの競争が必要になる」

ＲＢライプツィヒの補強を統括する存在になり、ミッチェルは多くの選手を獲得していく。例えば、ノルディ・ムキエレ、マテウス・クーニャ、クリストファー・エンクンク、ダニ・オルモといった選手たちだ。彼の能力は地元イングランドでも注目を浴び、マンチェスター・ユナイテッドも彼を「ＳＤとして招聘しようと考えている」という報道もある。

しかし、レッドブルグループに彼を手放す気はない。２０１９年にはラングニックをサポートする役割に彼を昇格させ、ニューヨークやブラジルも含めたグループ全体を統括させている。彼はアメリカやブラジルでも才能を見逃さず、レッドブルグループ全体の補強に助言しているのだ。

そのようにグローバルに活躍の場を広げながらも、やはり意識的に狙っていくのはイングランドの才能だ。直近2シーズン、彼はアーセナルのエミール・スミス＝ロウとチェルシーのイーサン・アンパドゥをローンで獲得し、２０１９年には完全移籍でアデモラ・ルックマンをエバートンから獲得。ブンデスリーガのクラブがイングランドの若手に出場機会を与え、彼らを売却することで多額の移籍金を得るという流れはこれからも続くだろう。両者にとってメリットが多い関係性について、ミッチェルは次のように説明している。

「我々はブンデスリーガのトップ4に定着することを目指しており、組織として成長する必要がある。しかし、バイエルンとドルトムントは圧倒的な存在だ。我々は彼らに対し、厄介な存在になる必要がある。同じ方法でやっても勝ち目はないので、彼らとは少し異なるアプローチを選択していく。彼らよりも集中し、勤勉に賢く補強していかなければならないんだ。我々は明快に定義された戦略を持ち、成し遂げなければならないことを理解している。ブンデスリーガで最も若いチームで我々は挑んでいく」

ミッチェルは選手補強のスペシャリストとしてヨーロッパでもトップクラスの人材となり、クラブの急速な成長をサポートしてきた。2020年の夏にはレッドブルグループから引き抜かれ、ASモナコのSDに就任。彼はRBライプツィヒの発展を支え、短い期間でグループに多大なる影響を与えたのだ。

ザルツブルクに刻まれたターナーの功績

レッドブル帝国において、その手腕を賞賛されるのがラルフ・ラングニックやジェシー・マーシュ、ポール・ミッチェルだ。しかし、もう一人の功労者こそがエルンスト・ターナーだろう。MLSのフィラデルフィア・ユニオンでSDを務めるドイツ出身の男はレッドブル・ザルツブルクで6年間チームに貢献してきた。ラングニックと同じく2012年にレッドブルグループに加わると、2018年にアメリカに新天地を求めた。今回、彼に直接インタビューの機会をいただけたことは幸運だった。

――バックグラウンド

「私は26歳までドイツの3部リーグでプレーしながら勉強を続けており、最初は1860ミュンヘンでユースコーチとして指導をスタートした。そこからアカデミーダイレクターに昇格し、15年間チームに貢献した。チームは育成面で成功を遂げ、約70人のプロ選手を輩出したと記憶している。そして、私の名はドイツ国内でも知られるようになったんだ。2009年、ホッフェンハイムでアカデミーダイレクターに就任すると、そこから10カ月後にスポーツダイレクターに昇格した。ホッフェンハイムで3年間働き、2012年の8月にはレッドブルグループに加入したんだ」

ミュンヘンを本拠地とするクラブとしてはバイエルン・ミュンヘンが有名だが、1860ミュンヘンも育成の名門として知られている。ラース・ベンダーとスベン・ベンダーの兄弟やケビン・フォラントはアカデミーの卒業生として知られており、ターナーが築いたシステムで成長を遂げた。ホッフェンハイムに2009年に加わったターナーは当時クラブで監督を務めていたラングニックをサポート。哲学を共有するターナーをラングニックがレッドブルグループに誘ったのも不思議なことではないだろう。

――オーストリアでの役割

「アカデミーダイレクターとしてザルツブルクでは壮大なプロジェクトが私を待っていた。アカデミーとリーフェリングを活用しながら、若手を育てていくというビジョンに魅了されたよ。最初の頃は補強も担当しており、それはホッフェンハイム時代と同じだった。少しずつ私は選手を発掘するプロセスを整備し、当時はRBライプツィヒと一緒にスカウティングを進めていた。その後、私はアフリカに選手獲得のネットワークを整備するというプロジェクトの責任者になる。

ラングニックを除けば私はおそらく最も経験豊富な存在であり、グループでも権限を与えられていた。ユースの再建というプロジェクトを進めていく中でラングニックの哲学とプレースタイルを浸透させ、育成年代では様々な実験を繰り返した。ユース年代であれば失敗しても学ぶことは多い。アカデミーの改革に携わりながらファーストチームの補強にも関わっていく役割を私は楽しんでいた」

――ザルツブルクの成功

「ザルツブルクに我々が根付かせた文化こそが重要だ。クラブの内部ではスタッフ全員が若手選手との繋がりを意識している。ここには若手選手が目指すべき道が用意されているんだ。若い選手でもプロフェッショナルとして扱い、我々はしっかりと議論する。彼らを尊重しており、クラブと彼らの距離を近く保っていくことが重要だ。そして当然、育成とスカウティングの方法論は確立されている。評判が良くなれば良い若手選手の加入も増えていく」

――育成年代を鍛えるザルツブルクのスケジュール

「週に6回のトレーニングが計画されており、学校にも通わなければならない。選手たちは6～7時に起床する必要があり、週に2回は朝練もある。学校から帰ってくると宿題を済ませ、夜のトレーニングに参加する。個々のトレーニングも用意されており、夜には1～1時間半ほどリラックスする時間が用意されている。彼らはその時間を使い、ゲームなどを楽しむことが許されている。また、週の1日はオフとなる」

育成年代の強化に注力してきたザルツブルクにとって最大の成果となったのがUEFAユースリーグ制覇だろう。彼らは7試合で29ゴールを記録し、ヨーロッパの名門アカデミーを次々に撃破していく。ターナーにとってもこの偉業は努力の集大成となるものだった。

——UEFAユースリーグ制覇

「オーストリア、特にザルツブルクは育成で知られた土地ではない。我々は前シーズンにもユースリーグに出場しているが、ASローマとのゲームは手痛い経験だった。パフォーマンスでは勝っていたのに勝ち切れなかったことは若い選手たちを成長させた。そして、最初にUEFAユースリーグ優勝の手応えを感じたのは2017年のマンチェスター・シティ戦だった。プレミアの強豪クラブを圧倒したゲームは若い選手たちにとって自信になった。その後も強豪チームのアカデミーを次々と撃破したが、ザルツブルクの快進撃を予想した人は少なかったはずだ。選手や指導者はヨーロッパのトップレベルと競うだけでなく、倒せるという実感を得たはずだ。準決勝と決勝はリードされたゲームを逆転しており、これこそがチームと指導者の強いメンタルを象徴している。我々がずっと求めてきたことが最高の舞台でも通用したんだ。それは私にとっても非常にうれしいことだった」

――若手中心主義

「レッドブルは最初、オーストリアでも歓迎されてはいなかった。ザルツブルクは当時、高給のベテラン選手が多く所属するチームだったが、ラルフが若い選手を積極的に獲得していった。彼らは無名の選手だったが、サポーターにとっては顔面を殴られるような経験だったはずだ。慣れないアプローチを続ける我々は徐々に関心を集める存在になっていった。驚くべきことだがユースリーグのアトレティコ・マドリーとのホームゲームでは5700人の観客がスタジアムを埋めた。これは次週のファーストチームのゲームよりも多かったんだ。地元の人々がオーストリアの未来を背負う若手選手の試合を楽しんでくれるようになったことが何よりの成果だと思うよ」

――ラングニック式のゲームモデル

「我々は他のチームとは違う方法でプレーしている。それこそが多くの人々が経験から学んでいることだ。人と同じことをしていては成功することは難しい。ユースリーグでの成功はチームのアプローチを象徴している。ヨーロッパの強豪が我々のスピードとプレッシングに苦しんでいたんだ。あのバルセロナユースですら自陣でボールを回せなくなり、最後は崩壊していった。プレッシングと波状攻撃でプレッシャーを与え続けたことで、彼らは対処し切れなくなってしまったんだ。2つの文化が衝突し、我々の文化が勝利した」

――マルコ・ローゼ

「私はローゼの名を代理人から聞き、彼のことを調べていた。ラルフのチームでプレーしたことがあるということが判明したので、彼に聞いてみたんだ。『ラルフ、彼は優秀な指導者になるんじゃないかな？　U-16チームの監督にどうだろう？』とね。そしたらラルフも『彼はいいね！』と言ったんだ。すぐにラルフが連絡してくれて、幸運にもローゼをチームで雇うことになったんだ。彼にとってユースの指導は初めてだったので、いろいろと適応する必要はあったと思う。ただ、選手を引退した彼にとってはユース指導からスタートしたのは大きかったんじゃないかな。アカデミーでは年上のコーチとの議論を楽しんでいたし、我々も彼の学びをサポートしたよ。例えば、彼はプロライセンスを取得してからU-18チームに昇格したんだ。そこで契約延長する話も進んでいたけど、偶然にも監督が空席になったので我々はローゼに任せることにしたのさ」

――レネ・マリッチ

「レネはもともと『Spielverlagerung（シュピエルフェアラーゲルング）』というドイツの戦術ブログに記事を寄稿したんだ。我々のU-18チームを詳細に分析する男がいるって聞いて、僕らも興味深く観察していたよ。レネ・マリッチの頭文字から彼は『RM』とブログで名乗っていたんだけど、僕らはマルコ・ローゼの『MR』と似ているね、とジョークを言っていたんだ。そんな彼と話をしてみたら皆がその才能に魅了されてしまってね。ちょうど地元を知るオーストリア人の指導者を探していて、彼と契約することを決めたのさ」

――リーフェリングの重要性

「とても重要だ。結局のところ、プロリーグでのプレー経験に勝るものはないからね。多くの若手選手や海外からの補強選手がリーフェリングでオーストリアのサッカーを経験し、適応していく。リーフェリングでは挑戦の結果として失敗しても構わないし、失敗から学ぶことを奨励している」

――ユリアン・ナーゲルスマン

「ナーゲルスマンは1860ミュンヘンで僕の教え子だった。選手としてのキャリアは怪我によって若くして終わってしまい残念に思っていたよ。怪我が多すぎたので冗談で『ガラスの骨』とか言われていることもあったけどね。ただ、彼の知性は当時から別格だったね。最初に1860ミュンヘンのユースチームでアレクサンダー・シュミットのアシスタントコーチを務めていたが、傑出した才能は誰の目にも明らかだった。だから、私はホッフェンハイムのU-16に彼を招聘したんだ。その先は彼の実力だよ」

――ザルツブルク時代の功績

「ユースリーグだけではなく、多くのことを誇りに思っている。国内リーグでのタイトルも重要だ。しかし、最大の功績はレッドブル・ザルツブルクをヨーロッパのサッカー界で知らない者は少ないチームにしたことだと思う。今やザルツブルク出身のコーチはヨーロッパで一目置かれる存在だ。ユースリーグとヨーロッパリーグで我々が成功したあと、多くのクラブがザルツブルクを模倣しようとした。関係者は我々のシステムやモデル、コーチや教育、すべてを知りたがっている。これこそが最大の功績だよ」

――ザルツブルクの未来

「チャンピオンズリーグでの激戦は心が震えるものだった。近い将来、彼らはヨーロッパリーグを制するチームになるだろう。2018年にはマルセイユに敗れているが、かなりヨーロッパリーグの頂点に近づいている。こればかりは希望でしかないが、優勝も遠くはないはずだ」

レッドブルグループにおいてターナーが脚光を浴びることは少ない。しかし、彼がグループに影響を与える存在だったことは間違いない。彼の圧倒的な人を見抜く能力はマルコ・ローゼやユリアン・ナーゲルスマン、レネ・マリッチを導いてきた。

「スポーツ帝国」の正体

レッドブルの野望を理解することは簡単ではない。我々はおそらく過去に同じ野望を抱いた企業を知らないからだ。ディートリヒ・マテシッツというオーナーに強い影響を受けるエナジードリンク企業はスポーツの世界ではスリルとアドレナリンを求めて邁進してきた。そして、レッドブルが契約してきたアスリートやチームもレッドブルのブランドを背負っている。サッカーへの投資は注目を集めているが、他のスポーツでも彼らは境界線を持たない。彼らはブランド立ち上げ当初、スキーやスケートボードなどのエクストリームスポーツのイベントを中心にマーケティングを仕掛けていた。

元F1チャンピオンのナイジェル・マンセルは最初にレッドブルがスポンサーになったアスリートだが、1996年夏のアタランタオリンピックでは金メダルを獲得したスイスのボート選手であるゼノ・ミュラーをスポンサーとしてサポート。徐々にレッドブルはスポーツの世界でブランドとしての立ち位置を確立していく。1990年代の後半には彼らは自らのブランドイメージに合うエネルギッシュで創造的なイベントを企画・運営するようになっていった。

例えば派手なレースカーで丘の上から重力に任せて走っていくレッドブル・ソープボックス・

レースやレッドブル・エアレースはエクストリームスポーツに熱狂する人々を増やした。レッドブルは様々な理由でエクストリームスポーツを愛している。最初に彼らのヨーロッパ拠点となったオーストリアはエクストリームスポーツの聖地であり、多くの有名選手を輩出している。アルペンスキーのヘルマン・マイヤーやアンネマリー・モザー＝プレル、スキージャンプのアルミン・コグラーやスノーボードのアンナ・ガッサーを筆頭に、冬の山々で育った選手たちが世界で活躍してきた。

それだけではなく、レッドブルのターゲットとなるのが18〜34歳の若者であることも大きい。レッドブルのイベントに積極的に参加し、エナジードリンクを愛飲する若者を対象としたマーケティングを増やすことでレッドブルは成長を遂げてきた。あくまでマーケティングの戦略だと軽視されることも多いが、レッドブルがエクストリームスポーツの発展に与えてきた影響は大きい。彼らは感情を揺さぶるような手法で人々の冒険心を煽り、アスリートのモチベーションを高めていく。それらをブランドと融合することで彼らは成功を続けてきた。

オリンピックメダリストや世界チャンピオンにもレッドブルと契約しているアスリートは多く、アメリカアルペンスキー界のレジェンドとして知られるリンゼイ・ボンやカナダのスノーボーダーであるマーク・マクモリスは実績と知名度を兼ね備えている。オリンピックでもレッドブルが契約するアスリートの活躍は目立っており、2010年のバンクーバーオリンピックでは16のメダルを獲得。もしレッドブルが国だとすれば、メダル数獲得ランキングでは5位となる。これは十分な成果だろう。

しかし、レッドブルのアンディ・ウォルシュ博士は「我々はオリンピックに集中しているわけではない」とコメントしている。多くのスポーツはオリンピック種目ではないが、レッドブルはそういったエリアで挑戦するアスリートにも投資を続けている。

革新的戦略の象徴レッドブル・ストラトス

オーストラリア人のウォルシュは2007年にレッドブルに入社し、アメリカのスキーチームに10年近く帯同。そして、彼はレッドブルのスタイルを変革した。そのカギとなったのがマーケティングを減らし、スポーツの魅力を伝えることだ。彼らの革新的な戦略を象徴するのがフェリックス・バウムガルトナーのスペースジャンプだろう。2012年の10月14日、43歳のオーストリア人はスカイダイビングの最高高度記録を塗り替え、自由落下中には音速を記録した。レッドブル・ストラトスという名で知られるプロジェクトは5年間の準備によって成立した。

彼はB.A.S.E.ジャンプ（ビルディング［Building］、アンテナ［Antenna］、橋桁を表すスパン［Span］、断崖等の自然を表すアース［Earth］の頭文字と、飛び降りる場所としてのベース［BASE］

の意味があるスポーツ。飛行機から飛び降りるスカイダイビングと比べて非常に危険で、エクストリームスポーツの中でも高度な技術を要する競技）を得意とするアスリートであり、マレーシア、クアラルンプールのペトロス・ツインタワーからのダイビング（世界最高度からのB.A.S.E.ジャンプ）などで多種多様な記録を塗り替えてきた。ブラジルのリオ・デ・ジャネイロではコルコバードのキリスト像から世界最短落差のB.A.S.E.ジャンプ記録も樹立している。怖さを知らない勇敢なジャンパーは本番前に2度のテストジャンプにトライしている。2・1万メートルと2・9万メートルからのトライはそれ自体が最高難易度に近いものだった。

このプロジェクトを陰で支えたのがジョー・キッティンガーだ。彼は1960年にパラシュート・ジャンプの世界記録を樹立しており、アメリカ空軍に所属していた。彼は歴史的なジャンプの安全性を確保することを目指し、43のチェックポイントを制定。プレッシャースーツや酸素、気圧などを確認させることで偉業をサポートしていた。しかしイベントの1カ月前、バウムガルトナーが強烈なプレッシャーで体調を崩す。しかし、心理学者のマイク・ジャーヴェイスが親身になったサポートで彼を復活させ、最終的には3・9万メートルからのダイビングが実現する。ザルツブルクで生まれ、16歳でジャンプ競技をスタートした彼にとって、その偉業は語り尽くせないものだった。

「美しい景色でした。私は地球が丸くなっていることを観察し、黒い空を見上げました。少し深呼吸をしようと思ったのですが、同時に10分間しか酸素に余裕がないことを知っていたので、集中力を切らしてはいけないと自分に言い聞かせました。私はジャンプするしかない、と頭の中で繰り返したのです」

レッドブルは1997年にバウムガルトナーに関心を示していた。しかし2007年に台湾の高層ビルである台北101からのジャンプに成功してから彼は思い悩むようになっていた。人々は今後、どのビルからのジャンプであれば興味を持ってくれるのだろうか？　引退も覚悟したそのタイミング、2007年にレッドブルが彼との契約を決める。バウムガルトナーをキャリア最高のダイブに導こうとサポートを申し出たのだ。彼らはメディアの報道によれば2億8000万円の大金をプロジェクトに費やしている。

エンジニアリングやマーケティング、リサーチ、人材の雇用に加え、ジャンプを準備することだけでも莫大なコストが発生している。レッドブルは世界中に偉業の瞬間を放送することを目的に9個の高画質カメラを準備した。バウムガルトナーのハイプレッシャースーツにも5つのGoProカメラが埋め込まれており、配信された映像は800万人を超える人々によって視聴された。これはYouTubeの再生数記録を更新し、80のTV局が世界50カ国以上でイベントを放送。

歴史的な成功となったイベントについて、2人目の月面歩行者として知られる宇宙飛行士のバズ・オルドリンは「フェリックスにとっては小さな一歩だが、レッドブルにとっては大きな一歩だ」と小粋なジョークで偉業を称えている。レッドブル・ストラトスはレッドブルにとって、その翼を大きく広げるアイデアとなった。彼らはアスリートの力を限界まで高める環境とサポートが極めて上質な感動を生むことを改めて実感したのだ。

極限状態が持つ力

そして、この成功体験がプロジェクト・アケロンを生む。これはアメリカの海軍特殊部隊とアスリートを集め、アルゼンチンとチリの国境に広がるパタゴニア地方の過酷な自然に挑むものだ。アンデス山脈南部の地域には湖や砂漠があり、その厳しい自然がアスリートのメンタルを試していく。ウォルシュは「目的は彼らを壊すことではない」と強調している。『Wired』の取材に対し、彼は次のように説明している。

「簡単なことで、学習には未知の環境が必要になる。アスリートは新しい環境に適応しなければならず、我々は軍のトレーニングを参考に彼らにとって人生で1回だけの経験をさせたいんだ」

レッドブルは極限状態が持つ力を信じるようになると、「息止めキャンプ」というトレーニングも洗練されていく。これはサーファーが不慮の事態に陥ったことを想定し、平均で4分近く呼吸をせずに耐えるというトレーニングだ。レッドブルはスキーやスノーボード選手にもこのようなトレーニングを奨励していく。心理的なプレッシャーを経験することで、アスリートたちが成長すると考えたのだ。そして、レッドブルは「パフォーミング・アンダー・プレッシャー・キャンプ」というトレーニングでもアスリートを鍛えている。

個人スポーツだけではなく、レッドブルはアイスホッケーの世界でもクラブを保有している。彼らがヨーロッパで保有しているのが、ECレッドブル・ザルツブルクとEhcレッドブル・ミュンヘンだ。ザルツブルクのチームはサッカーと施設を共用しているが、彼らの歴史は輝かしいものではなかった。1977年にhcザルツブルクとして設立されたクラブは1980～90年代には失敗と改名を繰り返していく。2000年にレッドブルによって買収されるまで彼らはチームに所属した名プレーヤーを活かせない日々が続いていた。

レッドブルの資金力にサポートされた彼らはサッカーと同様に攻撃的なスタイルでリーグを席巻。2004年に1部に昇格すると、2007年にはトップリーグを制覇。その後は7つの国内タイトルと2つのヨーロッパタイトルを獲得するなど、絶対的な強豪チームとして君臨している。彼らの姉妹クラブとなるドイツのEhcレッドブル・ミュンヘンは1998年に設立されたhcミュンヘン98を母体としている。彼らは2010年まではドイツの1部に所属していたが、2013年に深刻な財政問題に直面する。

クラブを買収したレッドブルは改名したタイミングで新しいアイデンティティをクラブに与え

た。彼らは2016年から2018年、リーグで3連覇を達成。ヨーロッパの大会ではザルツブルクとも対戦するなど、しっかりと結果を残している。レッドブルはアイスホッケーの世界では成功の象徴になった。

レッドブルとモータースポーツ

フォーミュラ1とモータースポーツにおいてもレッドブルの存在感は絶大だ。彼らがモータースポーツに参入したのは1995年で、最初はザウバー・モータースポーツ・AGとのスポンサー契約だった。しかし9年後、それに満足しなかったレッドブルはジャガー・レーシングをフォードから買収する。チーム代表に就任したのは当時31歳のクリスチャン・ホーナーだった。彼らは最年少の代表に率いられ、イタリアのミナルディを買収すると名前をスクーデリア・トロ・ロッソ（2020年からはスクーデリア・アルファタウリとなった）に変更。そのチームを若手ドライバーの育成に活用しながら、2つのチームと4つの車を保有し、レッドブルはF1の世界でも一大ブランドとなっていく。

そのリソースと資金力はヨーロッパトップクラスの才能を魅了し、自動車技術のスペシャリストとして知られるエイドリアン・ニューウェイがチームに加入する。ウィリアムズやマクラーレンで活躍した男は２００７年にはレッドブルグループを象徴する車体であるＲＢ３を発表。そしてカーメーカーが競い合う世界で飲料メーカーが頂点に立つ日が訪れる。２００９年にはセバスチャン・ベッテルがトロ・ロッソから移籍すると、ＲＢ３の後継機であるＲＢ５でチームに初優勝をもたらす。最年少での優勝を果たしたベッテルは黄金時代を築き、レッドブルはＦ１の世界で「３強」の一角となる。メルセデス・フェラーリと並ぶ地位にまでレッドブルは成長したのだ。

ホーナーはレッドブルが成功した理由を次のように説明している。

「すべて環境によるものだ。メルセデスやマクラーレンと比べれば、我々には歴史や伝統がない。90％以上のデザイナーはジーパンを履いており、Ｔシャツで出社してくる。労働時間も固定されておらず、仕事さえ終われば先に帰っても構わない。だからこそ革新的なアイデアと創造性がチームには溢れているんだ。僕らは数字によって動かされるビジネスを経営している訳ではない」

インタビューの後半ではメンタリティの重要性についても言及している。

「あなたがレースに勝った時、その夜を満喫することになる。ただし、我々は月曜日には次のレースについて考えなければならない。とてもスピードが求められる業界であり、過去を振り返って感傷に浸る時間はない」

レッドブルはＦ１において地元で育った若い才能を重視している。セバスチャン・ベッテルの成功から、レッドブルが抜擢する多くのレーサーは若手時代から育成してきたメンバーだ。マックス・フェルスタッペンは例外であり、彼は2015年にトロ・ロッソと契約するまではレッドブルとは関係がないドライバーだった。彼は17歳という若さでトロ・ロッソのレギュラードライバーとして2015年にF1デビューを果たす。レッドブルはデビューを契約条件に含んでおり、メルセデスとの争奪戦を制する大きな要因となった。

レーシングチームだけでなく、彼らは大会にも投資している。10年近く開催されていなかったオーストリアでのグランプリを復活させ、A1リンクと呼ばれていたサーキットを買収。レッドブル・リンクと改称されたサーキットは彼らのホームとなった。2018年にフェルスタッペンはレッドブルのドライバーとして最初のホーム優勝を成し遂げている。レッドブルのマーケティング哲学はスポーツのプロモーションとブランドのプロモーションを融合させるものだ。

彼らはレッドブルカラーの車を走らせ、アラブの高層タワーであるブルジュ・アル・アラブのヘリポートでF1を旋回させるパフォーマンスを実施し、トップドライバーのフェルスタッペンにF1でアメリカの道路を疾走させる。エクストリームスポーツを追い求めるレッドブルには終わりがないのだ。

ディートリヒ・マテシッツはF1については可能な限り口を出さないようにしていた。彼はブランドの哲学に反しない範囲で担当者に権限を与えていたのだ。ホーナーがチームの運営を担当し、アドバイザーとしてヘルムート・マルコが難しい判断を担当した。彼はドライバーの選出を担当しており、ホーナーを細かいマネジメントに集中させていた。レッドブルとモータースポーツの繋がりはF1だけではない。

彼らはドライバーアカデミーを設立し、未来のスター候補を育てている。スーパーカー・チャンピオンシップやラリー、ロードレース世界選手権のスポンサーにもなっているレッドブルは、例えばMotoGPで6度の世界チャンピオンに輝いているマルク・マルケスのスポンサーになっている。レッドブル・リンクはMotoGPの大会も主催しており、彼らはNASCAR（アメリカ合衆国で最大のモータースポーツ統括団体が統括するストックカーレース）のスポンサーも検討していた。アメリカのモータースポーツからは最終的に2011年に離脱しているが、グローバル・ラリークロス選手権ではスポンサーを継続している。

世界中のトップアスリートにとってレッドブルは重要なスポンサーだ。彼らはインドで絶大な人気を誇るクリケットでもK・L・ラーフルや2019年のW杯で大活躍したベン・ストークス（イングランド代表）のスポンサーとなっており、ゴルフではLPGAツアーのスターであるレクシー・トンプソンのスポンサーだ。2018年からは地元オーストリアのテニスプレーヤーであるドミニク・ティエムのスポンサーでもあり、ラグビーではジャック・ノーウェルがスポンサー契約を結んでいる。

才能のハッキング

スポーツとeスポーツの分野でレッドブルは1500人のタレントをスポンサードしており、彼らはザルツブルクの「アスリート・パフォーマンス・センター」を使う権利を与えられている。そこには現代的なテクノロジーと専門家が集められており、栄養学やコンディションなどのアドバイスを受けることが可能だ。そしてトレーニング施設も有しており、アスリートにとっては最高の施設となっている。北米ではカリフォルニアのレッドブルアメリカ支社に「ハイパフォーマンス・センター」という施設が併設されている。エリート仕様のトレーニング施設は映画館やゲームルームも併設しており、ザルツブルクのセンターと同様に専門家が揃っている。

栄養学や医学だけではなく、脳科学をベースとしたトレーニング設備もあるというから驚きだ。身体を急速に冷やすことで回復を促す最新設備も用意されており、アスリートとしては至れり尽くせりだろう。多くのオリンピック選手は施設を活用してトレーニングを続け、データを収集することで自らのパフォーマンスを向上していく。

ウォルシュは『Wired』の取材に対し、「タレントをハッキングする」という思想を次のように説明している。

「我々はアスリートを評価する原則が起業家や科学者にも適用することが可能だと考えています。才能をハッキングするというアイデアはアスリートを成長させるのに我々が使ってきたリソースを、例えば世界最高のサッカーチームを作るのに使ったり、社会問題を解決する人々を育てるのに使ったり、癌を治療する医療チームを育てるのに使ったり、ということも可能になるということです。それが我々にとってのモチベーションです」

レッドブルは最初、マーケティングを目的にスポーツの世界に参入したはずだ。しかし、アスリートを徹底的にサポートするレッドブルのアプローチはすでに単なる「マーケティング」ではない。彼らは驚異的な手法でアスリートを成長させ、スポーツの世界を進化させようとしているのだ。

３章　レッドブルのエクストリームな戦略

レッドブル対レッドブル

２０１８年８月31日、フランスのモナコ、グリマルディ・フォーラムではヨーロッパリーグの抽選会が行われていた。１９９９年に大会で優勝しているエルナン・クレスポはアシスタントとして抽選会に参加しており、彼がレッドブル・ザルツブルクのボールをポット１から選択することになる。数分後にクレスポはポット３のチームを抽選するが、ＲＢライプツィヒが選ばれた瞬間に多くの人々は驚愕した。姉妹クラブがヨーロッパの大会で対戦するというのはかなり珍しい出来事だ。多くの人々はＵＥＦＡの配慮で数少ないスポットを、レッドブルグループのクラブに独占させることを避けたと信じている。ＲＢライプツィヒが昇格したシーズンにブンデスリーガで２位になったことで、彼らの直接対決が注目の的になった。

ＲＢライプツィヒがチャンピオンズリーグの出場権を確保したタイミングで、レッドブルはザルツブルクとの関係性は単なるスポンサーだと主張。オーナーシップとしてはあくまでレッドブルはＲＢライプツィヒだけをコントロールしているという論理をベースにＵＥＦＡの規定を回避しようとした。ＵＥＦＡのルール上は「特定の個人や団体がトーナメントに出場する複数のクラブに決定的な影響を与えてはいけない」とされている。そしてルール上はもし２つのクラブに影響を与えていると判断された場合、順位が上のクラブだけが出場権を認められる。つまりＵＥＦＡのルールに抵触すればザルツブルクだけがチャンピオンズリーグに出場することになるのだ。

過去にもＵＥＦＡは同様のケースに対処したことがあった。１９９７年、ギリシャのＡＥＫアテネがＵＥＦＡカップ出場権を剥奪されている。これは彼らのオーナーだった投資グループのＥＮＩＣがチェコのスラビア・プラハを保有していることに起因した裁定だった。４年後、スイスのセルベットが出場を諦めている。フランスのＴＶ局として知られているCanal+にバックアップされていた彼らはもう一つのクラブであるＰＳＧに出場権を譲る形となっている。

ザルツブルクとライプツィヒはどう見ても共通点が多すぎるというのがジャーナリストの主張だった。同じようなユニフォーム、ほとんど同じクラブの紋章、そしてレッドブル・アリーナというスタジアムでプレーしている。同時に選手を共同保有しているような状態になっており、選手のレンタルや移籍も少なくない。しかし、ＵＥＦＡはルールに抵触しないという判断を下す。２０１７年６月20日、ＵＥＦＡはライプツィヒとザルツブルクの両チームがチャンピオンズリーグに出場することを許可する声明を発表する。

「調査の結果、両クラブは人事組織を変更しており、クラブの財政的な面でも特定の個人や組織が複数クラブの意思決定に影響を与えることはないと判断した」

この人事組織の変更にはザルツブルクにも所属していたレッドブルグループの面子がその役職

を離れていることが含まれている。例えばオリバー・ミンツラフはレッドブルのヘッド・オブ・グローバル・サッカーであり、ラルフ・ラングニックはグループ全体を統括するSDだった。その2人は書類上(実際どうだったかは定かではないが)ライプツィヒのオペレーションだけを担当することになり、ザルツブルクとは無関係であると主張したのだ。

「優れたチームが勝つというだけだ」

チャンピオンズリーグにおいてRBライプツィヒはグループリーグで敗退し、ザルツブルクはクロアチアのリエカに予選で敗北。ザルツブルクはヨーロッパリーグに参加し、グループリーグを突破する。グループリーグを抜けられなかったRBライプツィヒがヨーロッパリーグに参加したことで、ここでも2チームが対戦する可能性が生じる。

RBライプツィヒはベスト32でナポリを下し、ザルツブルクはレアル・ソシエダを撃破。ベスト16でRBライプツィヒはゼニトを倒し、ザルツブルクはドルトムントを破る。しかし、そこで彼らの快進撃は終わる。RBライプツィヒはベスト8でマルセイユに敗れ、ザルツブルクもベスト4で同じくマルセイユに敗北する。しかし、次のシーズンに彼らはヨーロッパリーグで出会うことになる。RBライプツィヒがヨーロッパリーグの出場権を獲得する一方で、ザルツブルクは再びチャンピオンズリーグ予選の突破に失敗。人々のリアクションは期待通りのものだった。

UEFAのダイレクターであるジョルジオ・マルケッティは何度となく2クラブの対戦には問題がないと主張。ソーシャルメディアは盛り上がり、「レッドブル・ダービー」が開催されることになった。ライプツィヒではラングニックが抽選の結果に喜び、サポーターに「面白い試合を期待してほしい」とコメント。ザルツブルクではマルコ・ローゼとSDのクリストフ・フロイントが「類似するサッカー哲学を持つ2クラブのゲーム」を楽しみにしたいとコメントした。ディートリヒ・マテシッツも喜び、「優れたチームが勝つというだけだ。グループの皆にとって興味深いゲームになるだろう」と述べている。

初戦、ザルツブルクはドイツに遠征する。マルコ・ローゼは主力を惜しむことなく使い、［4-3-1-2］で試合に臨む。

レッドブル・ザルツブルク

［4-3-1-2］アレクサンダー・ヴァルケ、ステファン・ライナー、アンドレ・ラマーリョ、マリン・ポングラチッチ、アンドレアス・ウルマー（C）、アマドゥ・ハイダラ、ディアディ・サマッセク、ザヴェル・シュラーガー、ハンネス・ヴォルフ、モアネス・ダブール、ラインホルト・ヤーボ、

控え：チチャン・スタンコヴィッチ、ダルコ・トドロヴィッチ、ジェローム・オンゲネ、エノック・

ムウェプ、ズラトコ・ユヌゾヴィッチ、南野拓実、フレドリク・グルブランセン

ラングニックも主力を選ぶが、アウェーのフランクフルト戦を考慮してフレッシュな選手たちを積極的に起用した。

RBライプツィヒ

［4-2-3-1］イボン・ムボゴ、コンラート・ライマー、ダヨ・ウパメカノ、イブラヒマ・コナテ、ノルディ・ムキエレ、ケヴィン・カンプル（C）、シュテファン・イルザンカー、マルセル・ザビッツァー、クーニャ、ブルマ、ケビン・オーギュスタン、控え：ペーテル・グラーチ、マルツェル・ハルステンベルク、ヴィリ・オルバン、エリック・マイェチャク、ディエゴ・デンメ、エミル・フォルスベリ、ユースフ・ポウルセン

元ザルツブルクの選手たち（コンラート・ライマー、ダヨ・ウパメカノ、ケヴィン・カンプル、シュテファン・イルザンカー、マルセル・ザビッツァー）は5人がスタメンに名を連ねた。互いに全力を尽くしたゲームは純粋な力と力のぶつかり合いになる。初戦はザルツブルクのモアネス・ダブールがバックパスのミスからゴールを奪う。そして、オーストリアの強豪はRBライプツィ

ヒの守備が崩れたタイミングを見逃さずにアマドゥ・ハイダラが追加点を記録する。マリ人MFはゲームをコントロールし、RBライプツィヒを苦しめた。

前半2点のリードでハーフタイムを迎えるが、RBライプツィヒは簡単に終わるチームではなかった。ラングニックは3人の交代枠を一気に使い、ノルディ・ムキエレ、ブルマ、ケビン・オーギュスタンをベンチに下げると、マルツェル・ハルステンベルク、ディエゴ・デンメ、ユースフ・ポウルセンを投入。そして指揮官のメッセージはチームに伝播する。後半20分、コンラート・ライマーが古巣相手に1点を返す。そして、カンプルのクロスにポウルセンが合わせて同点弾。しかし、ザルツブルクは最後にRBライプツィヒのミスから逆転ゴールを決める。ハンネス・ヴォルフのヒールパスを決めたのは交代で入ったフレドリク・グルブランセンだった。ザルツブルクは3対2でレッドブル・ダービーを制し、下剋上を成し遂げる。

「正直これは許されるのか？」

サポーターにとってはワクワクする一戦だったと思われるが、両クラブにとっても一つの功績を感じるゲームだったはずだ。ザルツブルクは2ゴールをリードされてもインテンシティを落とすことなく、最後まで攻撃を継続した。RBライプツィヒと比べても彼らは勝利に飢えていたのだろう。ラングニックとRBライプツィヒは昨シーズンの手痛いヨーロッパでの失敗を繰り返すように、重要な場面でミスから失点。しかし攻撃面ではザルツブルクよりも5回多くのチャンスを創出し、ポジティブな成果を示した。ローゼンボリとの次戦を前に、元ブレーメンのDFとしても知られ、ノルウェーのクラブでフロントとして活躍するルネ・ブラツェットは次のようにコメントした。

「レッドブルグループに所属する2チームが我々と同じグループになった時、正直これは許されるのか？　と思ったね。もしどちらかが勝たなければならないゲームで最後に彼らが試合をすることになった場合、その試合が公正になるとはなかなか信じられないよ。彼らが協力していることは明らかで、それは否定が難しいだろう。それを無視することはフェアじゃないし、もしルールで許されていたとしても道徳的にはダメだろう」

批判的な姿勢を示したクラブ相手にRBライプツィヒはピッチ上でその力を見せつける。ケビン・オーギュスタン、イブラヒマ・コナテ、クーニャがゴールを奪い、3対1で順調に勝利したのだ。オーストリアではセルティック相手にザルツブルクが3対1で勝利。モアネス・ダブールの2ゴールとハンネス・ヴォルフのゴールでチームはグループ首位に躍り出る。

次の試合でも両チームの勢いは止まらない。ザルツブルクがローゼンボリを3対0で破ると、RBライプツィヒもセルティックを下す。ザルツブルクは敵地ノルウェーでも5対2のスコアで大勝するが、セルティックがホームで意地を見せてRBライプツィヒに2対1で勝利。グループリーグ突破を左右する局面で、再び2チームが対戦することになったことで多くの人々はゲームの公平性を疑うことになる。

スコットランド紙『Daily Record』は試合前に「セルティックファンはザルツブルクとライプツィヒの談合を恐れる権利があるのでは?」とレッドブルグループを牽制。RBライプツィヒはセルティックとの直接対決ではリードしており、セルティックは彼らを結果で上回らなければならない。ザルツブルクはグループ首位になっているので、RBライプツィヒ戦の結果が突破を左右しない。そうなればザルツブルクが手を抜くのではないか? というのが人々の懸念だった。

しかし、ミンツラフは明確に陰謀論を否定する。

「ナンセンスだ。ディートリヒ・マテシッツはゲームには関与していないし、私もザルツブルクをコントロールすることはない。過去は確かに似ているが、現在と未来は違う道を歩くクラブだ。彼らも我々も勝利を望んでおり、両チームがベストを尽くすだろう」

決勝トーナメント進出が目前に迫ったゲームでラングニックはベストメンバーを起用する。

RBライプツィヒ

［4-2-2-2］イボン・ムボゴ、ノルディ・ムキエレ、ヴィリ・オルバン、ダヨ・ウパメカノ、マル

セロ・サラッキ、コンラート・ライマー、シュテファン・イルザンカー、ブルマ、クーニャ、ティモ・ヴェルナー、ケビン・オーギュスタン、控え：ペーテル・グラーチ、ルーカス・クロスターマン、マルツェル・ハルステンベルク、イブラヒマ・コナテ、エリック・マイェチャク、トム・クラウス、ユースフ・ポウルセン

ローゼとザルツブルクも主力を起用してきた。

レッドブル・ザルツブルク

［4-3-1-2］アレクサンダー・ヴァルケ、ステファン・ライナー、アンドレ・ラマーリョ、マリン・ポングラチッチ、アンドレアス・ウルマー、ザヴェル・シュラーガー、ディアディ・サマッセク、ズラトコ・ユヌゾヴィッチ、ハンネス・ヴォルフ、モアネス・ダブール、フレドリク・グルブランセン、控え：チチャン・スタンコヴィッチ、ダルコ・トドロヴィッチ、ジェローム・オンゲネ、エノック・ムウェプ、パトソン・ダカ、スマイル・プレヴリャク、南野拓実

初戦は攻撃的なゲームになったが、2戦目は守備的なゲームとなる。ローゼのザルツブルクが優勢なゲームとなるが、守護神イボン・ムボゴが落ち着いたパフォーマンスで攻撃をシャットアウ

トしていく。前半はフレドリク・グルブランセンが惜しいボレーシュートを放ち、ゲーム後半ではシュテファン・イルザンカーのシュートがギリギリ枠外に外れる。しかし、74分にグルブランセンが決勝点を決め、RBライプツィヒ相手に勝利する。

ザルツブルクはグループで5連勝し、RBライプツィヒは自力での突破が消滅する。彼らはローゼンボリに勝ち、RBライプツィヒがセルティックを倒さないといけない状況となった。またも陰謀論が盛り上がったが、ザルツブルクのクリストフ・フロイントSDは次のようにコメントした。

「もちろん、ザルツブルクはセルティックを相手に全力を尽くす。それでライプツィヒを助けることになれば、それは喜ばしいことだろう。とてもうれしいことに我々は突破を決めた状態だ。ライプツィヒのファンは祈っているだろうし、彼らが喜ぶのは素晴らしいことだ。しかし、誰が相手でもベストを尽くすのは変わらない。それはすべてのゲームで同じことだ。スコットランドに遠征してくれるファンを思えば手を抜くことはしないよ。もし全勝でグループリーグを突破すれば最高だ」

ダブールとグルブランセンの2ゴールでザルツブルクは敵地グラスゴーで6勝目。しかし、RBライプツィヒはチャンスを逃すことになる。力を尽くしたローゼンボリが終盤に同点ゴールを決め、RBライプツィヒは3位になったのだ。

ＵＥＦＡの裁定や陰謀論が話題になることも多かったが、ピッチで4チームが披露したゲームは賞賛すべきものだった。レッドブルグループ傘下のクラブがヨーロッパの舞台で対戦したのは近未来を象徴するような出来事だった。

巻末収録

指導者の登竜門としてのレッドブルグループ

結城康平

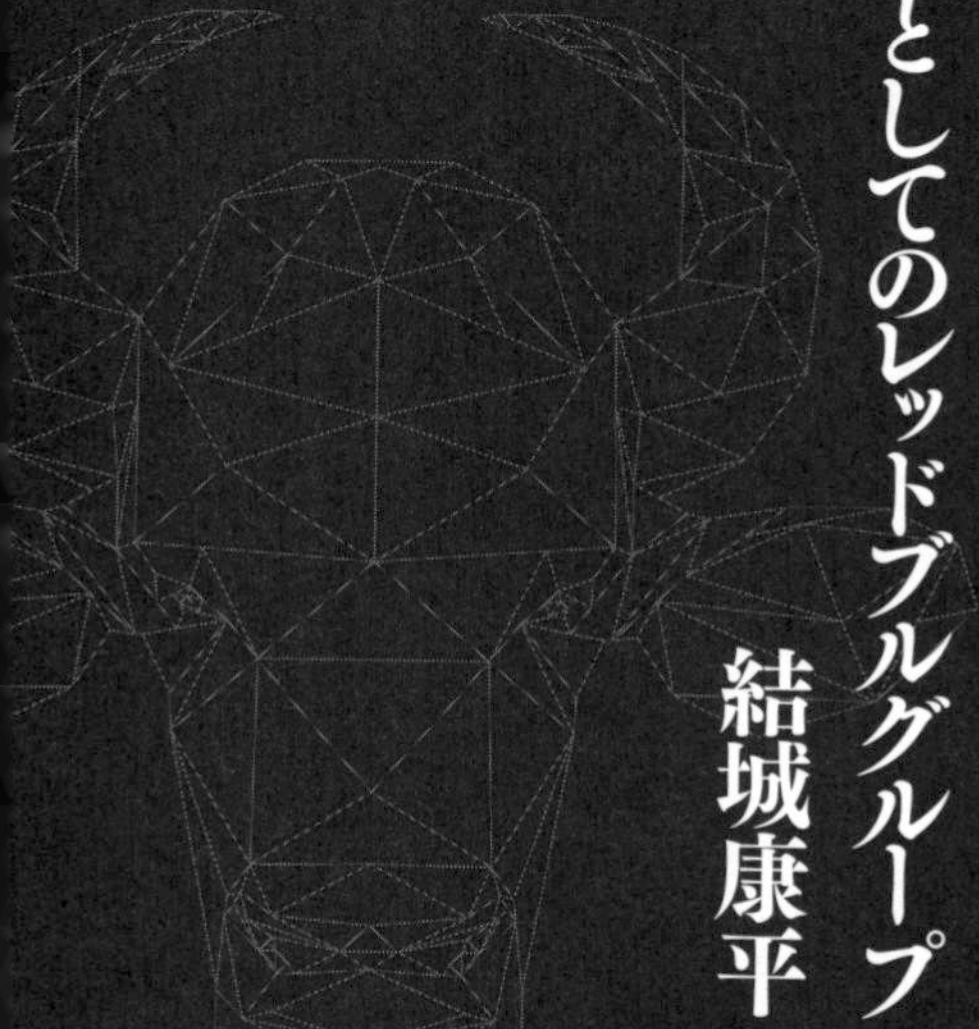

トゥヘルを追う〝ザ・ハイブリッド〟ナーゲルスマン

レッドブルグループがヨーロッパサッカーの世界で存在感を発揮した数年間は、これまでチャンピオンズリーグの常連として世界を牽引してきた強豪クラブが積み重ねてきた歴史と比べると些末なものだ。しかし、レッドブルグループが育てた指導者たちが、これまでに多くのタイトルを独占してきた名門クラブでさえも魅了していることには注目すべきだろう。今やレッドブルグループ出身の指導者は、トップクラブが求めるブランドになりつつある。指導者教育の抜本的な改革を進めていたドイツでは、若き指導者が覚醒の時を待っていた。そして彼らに覚醒の機会を与えたのが、ラルフ・ラングニックが統括するレッドブルグループだったのだ。

2000年代後半からは、ユルゲン・クロップとロジャー・シュミットが「ゲーゲンプレッシングの申し子」として存在感を高めていく。ラングニックの影響を受けたプレッシングブームの火付け役となったのは他ならぬラングニックであり、無名に近かったシュミットがオーストリアリーグを席巻。ブンデスリーガに凱旋すると、レバークーゼンで「獣の群れ」を統率するようなサッカーを披露したことは衝撃的だった。

同時にドイツの若手指導者を揺るがしたのがバイエルン・ミュンヘンにペップ・グアルディオラ

が就任したことだろう。2013年にチームに加わると、新たな価値観でヨーロッパ中の注目を浴びた。グアルディオラがヨハン・クライフやリヌス・ミケルスから継承したポジショナルプレーという概念は、即時奪回を目指す「迅速なプレッシング」という観点に限ればドイツでブームになったゲーゲンプレッシングとも親和性の低いものではなかった。

そして、その2つを融合しようとしたハイブリッドの一人がトーマス・トゥヘルだろう。チェルシーに就任するとヨーロッパの頂点を制した指揮官は、これまでのドイツらしくない「異端な感性を持つ指揮官」だった。しかし、ヨーロッパでサッカー指導者の教育が注目されるようになり、トップレベルの教育が徐々に均質化していく過程で、ドイツにもトゥヘルを追うようにハイブリッドな指揮官が増えていく。

ユリアン・ナーゲルスマンは、その筆頭株だろう。ナーゲルスマンは守備での強度や運動量も軽視していないが、それ以上にポジショナルプレーを独自に解釈することで「ヨーロッパで最も有望な若手監督」となった。彼が執拗に追い求めるのが、「ポジショナルプレーの3つの優位性」の一つである「量的優位」だ。

ホッフェンハイム時代には、現代的にアレンジした「タッチダウンパス」を披露。2014年W杯で、ミゲル・エレーラが率いたメキシコ代表が披露した戦術は「多くのアタッカーを前線に押し上げる」ものだった。3バック＋1枚でのビルドアップによって比較的安全な状態を保ちながら、精度の高いロングパスで5枚のアタッカーが仕掛けていく。ホッフェンハイムはメキシコの戦術を応用し、ラファエル・マルケスが担った「最後尾からのロングパス供給役」にケヴィン・フォクトを指名。エッセンスとして前線の選手を使ったポストプレーも加え、前線には長身のザンドロ・ヴァーグナーを起用する。

フォーメーションを無視するようにチームの可変を促し、「パスの受け手」を増やしていく戦術を得意とするナーゲルスマンが最も大切にするのが「選手の戦術的柔軟性」である。「ポジショナルポリバレンス」（位置的な万能性）と表現されることもある能力は、複数のポジションに対応する柔軟性だ。ナーゲルスマンのチームでは、ポジションを選ばない選手が重宝される。2019-20シーズンから指揮を執ったRBライプツィヒでも、1人の選手がポジションを移動することで［3-4-2-1］を［4-3-3］に変化し、さらに発展させることで［4-2-2-2］にもなれる変幻自在のサッカーを披露している。

RBライプツィヒの戦術的柔軟性を象徴する存在が、コンラート・ライマーとマルセル・ザビッツァーだろう。ともにオーストリア出身のMFはプレーの幅が広く、ピッチを献身的に走り回りながらどのエリアにも柔軟に対応していく。レッドブルグループの象徴として育成された2人は、ナーゲルスマンの指導によって強度だけではなく「柔軟性」においても飛躍的に成長した。ザビッツァーに惚れ込んだナーゲルスマンは、2021年に就任したバイエルン・ミュンヘンでも獲得を熱望。1500万ユーロの移籍金で、ドイツ王者に加わっている。

RBライプツィヒにとって待ちに待った挑戦となったチャンピオンズリーグでは、量的優位を作ることを目標にケヴィン・カンプルが躍動。中盤の底でビルドアップを助けたと思えば、ハーフスペースに侵入する驚異的な運動量で攻撃を牽引し、新しいアンカー像を示した。カンプルが駆け上がることで空いたスペースにダヨ・ウパメカノが持ち上がり、そこから仕掛ける攻撃はまさに変幻自在。徹底した攻撃パターンの多さでアトレティコ・マドリーの守備を攻略したゲームは、新時代のサッカーを感じさせるものだった。

また、ナーゲルスマンは独特な戦術用語でも知られており、左右のWBを「ジョーカー」と名付けている。選手にチーム戦術を無意識に浸透させる手法として、彼はチームだけが共有する言葉を設定していく。ナーゲルスマンのチームにおいて、両WBはフィニッシャーなのだ。アンヘリーニョはナーゲルスマンの指導により、得点力を開花させた一人だろう。

ローゼだけではない未来を担う逸材

ハイブリッド型の指揮官として、ナーゲルスマンに並ぶ期待株となっているのがマルコ・ローゼだ。2002年に加入したマインツで8年間プレーしたローゼは、現役時代にユルゲン・クロップの指導を経験する。ハノーファーではラングニックの指導も経験した男は、「プレスマスター」として知られていく。ザルツブルクのユースをヨーロッパの頂点に導くと、トップチームでは驚異的な強度のプレッシングで相手を圧倒。しかし、単にゲーゲンプレッシングの使い手ではない幅こそがローゼの武器だった。

その一つはプレッシングトラップであり、駆け引きとして相手をプレッシングするエリアを変えることで「読みを外す」技術に長けた彼は、ボルシアMG就任後はサイド偏重のスタイルや3バックの採用によって戦術的なパターンを増やしていく。ナーゲルスマンの宿敵として期待される男は、2021-22シーズンからボルシア・ドルトムントの指揮官に就任。ボルシアのライバルクラブに個人昇格した彼を批判する地元サポーターも多いが、45歳の野心家は結果を求めて戦いを続けるだろう。

レッドブルグループに関係する2人がドイツの2強を率いている事実は興味深いが、その未来を担うのは彼らだけではない。ローゼの右腕であるレネ・マリッチは現代サッカーを哲学的に解釈する存在で、トゥヘルがブログに注目したところから彼との交流がスタートした。その力を認めたローゼが右腕として指名すると、当時アカデミーマネージャーを務めていたエルンスト・ターナーに戦術的なプレゼンテーションを披露。もともとシュミットのチームを分析していたマリッチはレッドブルグループのトレーニング理論を知り尽くしており、鋭い視点でターナーを驚かせた。

ポジショナルプレーの分析記事で人々を驚かせたマリッチは、「プレー原則」を重要視する一人だ。彼は無限に判断を続けなければならないサッカーというゲームにおける監督の限界を理解しており、あくまで選手たちの判断に「ガイドライン」を設けることが必要だと主張している。ガイドラインによって選手たちをサポートし、彼らが正しく解決策を見つけられるようにするのがマリッチの思想だ。そして、マリッチはトレーニングと分析を担当しながらローゼの影となっている。ヨーロッパで最も期待される指導者の一人として知られる彼はローゼを支えながら、ナーゲルスマンを脅かす存在になるかもしれない。

また、若干31歳でバイエルン・ミュンヘンのアシスタントコーチになったダニー・レールもRBライプツィヒでU‐16の監督として指導者のキャリアをスタートしている。育成だけでなく分析能力を評価された青年はラングニックのチームでアナリストとして中核を担うことになり、オーストリア人監督ラルフ・ハーゼンヒュットルにも重用されることになる。RBライプツィヒにハーゼンヒュットルが就任したことによる大きな変化は、レールをアシスタントコーチに昇格させたことだ。ビデオアナリストだった青年は幾つかのトレーニングの責任者となり、選手とのコミュニケーション能力を求められるようになる。

当時レールは、現在トゥヘルの右腕となっているジョルト・ローとトレーニングを担当することになる。変革期にあったRBライプツィヒでプレッシングスタイルの基礎を学んだ青年は、ハーゼンヒュットルに誘われてプレミアリーグのサウサンプトンに加入。そこではアシスタントマネージャーとして、RBライプツィヒ時代と同様にチームのトレーニングを計画する役割を担った。

そして、彼はバイエルン・ミュンヘンでハンス＝ディーター・フリックの右腕に指名される。Bチームに次の対戦相手を模したプレーをさせることでトップチームの対策を助けるようなトレーニングで、Bチームを指揮する大役を任されていたのがレールだ。フリックのコーチングチームにおいて重要な存在になった彼は、現在ドイツ代表のアシスタントコーチを務めている。

ハーゼンヒュットルのサウサンプトンでレールと同僚だったジョルト・ローも、恩師であるラングニックが就任したレッドブルグループの掲げたプロジェクトに心酔した一人だ。2012年にレッドブル・ザルツブルクでアシスタントコーチとして指揮官をサポートする役割を課せられた彼は、アドルフ・ヒュッターのチームで2冠を達成する。そして、RBライプツィヒの監督に就任したラングニックの右腕として、コーチングチームに誘われたのだ。迷うことなくレッドブルグループのトップクラブに異動した彼は「ラングニックには感謝しかない。彼がいなければ私は指導者になっていなかっただろう」とコメントしている。ラングニックも「選手として活躍し、指導者としても私のチームで重要な役割を果たしていた。特に選手とのコミュニケーションスキルに優れている」と愛弟子を評価している。

ニュルンベルクで腕を磨くロベルト・クラウスもレッドブルグループの出身だが、ナーゲルスマンに続く逸材として期待されている。レッドブルを離れた経験豊富な指揮官たちも成功を続けており、ハーゼンヒュットルはサウサンプトンで着実に結果を残している。ヒュッターもフランクフルトを上昇気流に乗せると、ボルシアMGの監督に就任。ボルシアMGはローゼの後釜にヒュッターを選んだことで、レッドブル出身の監督が2人続いている。

レッドブルグループに垣間見る「絶妙な余白」

レッドブルとラングニックが特徴的なのは、「絶妙な余白」を残していることだろう。彼らはグループとしてのプレー哲学を明確にしているが、だからといって縛られている印象はない。例えばバルセロナがペップ・グアルディオラの幻影を追うようにシャビを監督に就任させたが、彼らの求めるサッカー哲学は「非常に限定されている」ように思える。ある意味では「魅力的なサッカー」という主観的な要素が加わることで、それに沿うことは難しくもなるのかもしれない。

一方で、ハーゼンヒュットルやナーゲルスマンはレッドブルグループの哲学をベースにしながら、彼ら独自の隠し味を加えていた。特にナーゲルスマンに至ってはレッドブル流からは大幅に離れた道を走っていたような気もするが、それもグループとしては許容していた。レッドブルのベースとなっている哲学やチームの強化はラングニックが考える「最も効率的に成功する」手法ではあるが、監督や指導者の個性も尊重されているのだ。ナーゲルスマンはチームの基礎となった運動量や守備力をベースに、RBライプツィヒを新しい領域に導いていった。この余白を使いながら若手指導者を成長させ、必要であればラングニックが登板したように「レッドブル流」にチームを回帰させる。この繰り返しがおそらくレッドブルグループの考えるベストな手法であり、ジェシー・マーシュは「回帰」を担っているのではないだろうか。

そして、若手指導者の大胆な抜擢も彼らの特徴だ。選手としての経験を度外視するラングニックの性格は、科学的に人的資源を評価・育成しようとしているレッドブルの思想に噛み合うものだった。彼らは起業家やアスリート、芸術家などの多様な人材から「創造性」を解読するプロジェクトを進めており、これまでの価値観にまったく囚われていない。独自の手法で才能を評価するレッドブルのスタイルは、グループの成長を助けていくはずだ。イーロン・マスクが既存の自動車業界を破壊しようとしているように、価値観の変革者は外の世界から現れる。

そういった意味では、ヨーロッパサッカー界では後発の存在であるレッドブルグループこそが、これまでの価値観を大きく変えようとしているのではないだろうか。どうしても選手としての経験に縛られてしまう強豪クラブを横目に、レッドブルは各分野から興味深い才能をピックアップしていくのだ。若手選手を育てるには指導者が最も大切であり、レッドブルは誰よりもそれを理解している。

著者あとがき

レッドブルグループは本書で分析してきたように戦略的にヨーロッパサッカーを席巻してきた。若い選手と若い指導者を重用し、効率的なマネジメントで彼らを成長させる。失敗することもあるが、常にそこから学び続ける姿勢もレッドブルの強みだろう。そして今、レッドブルは岐路に立っている。ザルツブルクとライプツィヒで改革を推し進めた主要メンバーがグループを去り、ラルフ・ラングニックも２０２０年の６月にグループを離れたのだ。レッドブルは資金力を武器に優秀な人材を揃えているが、ラングニックという絶対的な存在を失った今、彼らの今後には注目が集まっている。

レッドブルは継続的な発展を見据え、人事的な変更を進めている。RBライプツィヒのCEOだったオリバー・ミンツラフは、過去にジェラール・ウリエが担当していたヘッド・オブ・グローバル・サッカーに就任。ケヴィン・セルウェルはアメリカとブラジルの強化を担う存在としてニューヨークに派遣され、投資を進めている。ラングニックによって成功したレッドブル帝国は、彼を失っても発展を続けられるのだろうか。

カラン・テージワーニ

訳者あとがき

現代のサッカー界において、レッドブルを無視することは不可能になっています。大半の強豪クラブはレッドブルグループ出身者を雇用しているように、スタッフや指導者、選手を問わずに「圧倒的な人的資源を抱えた組織」へと成長しているのです。若き才能への投資を惜しまないレッドブルの姿勢は、彼らが若者をずっと研究してきたことにも起因しているのかもしれません。彼らはマーケティングの対象として若者の生態を分析し、彼らの思考パターンを把握しています。だからこそ、彼らは若い才能を成長させるイメージを明確に描けているのではないでしょうか。

だとすれば、レッドブルのアプローチを学ぶことには多くの利点があります。彼らは複数のクラブを経営することで、効率的な強化とスカウティングを可能にするというアプローチの先駆者であり、育成理論においてもヨーロッパの最先端を走っています。科学的にも多くの研究成果をベースにしており、アカデミックな世界でも存在感を放っているのは驚くべきことです。

また、日本にもレッドブルグループの波は少しずつ押し寄せてきています。鹿島アントラーズの指揮官だったザーゴはもともとレッドブル・ブラガンチーノの監督であり、ドイツでラングニックのサッカーを学ぼうとしている日本人の指導者もいるようです。また、選手レベルでは南野拓実や奥川雅也がレッドブルグループを経験することで大きく飛躍しました。世界中から才能を集めようとするレッドブルは、今後も日本人選手を獲得しようとするかもしれません。

サウジアラビアから資本が流入したニューカッスル・ユナイテッドや、UAEの王族がオーナーになっているマンチェスター・シティ、カタールの政府系投資ファンドであるQSIがオーナーであるPSGのように、中東の資金力はヨーロッパサッカーを大きく変えてきました。

同時にリバプールやマンチェスター・ユナイテッドを筆頭に、アメリカ資本の力も絶大です。レッドブルは嫌われ者になっていますが、それでもオーストリアに本社を置く企業です。各国の列強クラブが他国の資本によってコントロールされる中、そこに挑んでいくのが「独自のアプローチを貫くエナジードリンクメーカー」というのは面白い構図なのではないでしょうか。

結城康平

ブックデザイン& DTP　三谷明里（ウラニワデザイン）
帯写真　Getty Images
編集協力　稲葉美和
編集　石沢鉄平（株式会社カンゼン）

エクストリームフットボール
欧州の勢力図を塗り替える巨大ドリンクメーカーの破壊的戦略

発行日　2021 年 12 月 22 日　初版
著　者　カラン・テージワーニ
訳　者　結城 康平
発行人　坪井 義哉
発行所　株式会社カンゼン
〒 101-0021 東京都千代田区外神田 2-7-1 開花ビル
TEL 03（5295）7723
FAX 03（5295）7725
http://www.kanzen.jp/
郵便振替　00150-7-130339
印刷・製本　株式会社シナノ

ISBN 978-4-86255-626-4　Printed in Japan
定価はカバーに表示してあります。
ご意見、ご感想に関しましては、kanso@kanzen.jp まで E メールにてお寄せ下さい。
お待ちしております。